DIREITO CIVIL

RESPONSABILIDADE CIVIL

MANUEL A. CARNEIRO DA FRADA
Doutor em Direito
Professor da Faculdade de Direito de Lisboa
e na Universidade Católica Portuguesa

DIREITO CIVIL
RESPONSABILIDADE CIVIL

O método do caso

REIMPRESSÃO

DIREITO CIVIL
RESPONSABILIDADE CIVIL

AUTOR
MANUEL A. CARNEIRO DA FRADA

EDITOR
EDIÇÕES ALMEDINA, SA
Av. Fernão Magalhães, n.º 584, 5.º Andar
3000-174 Coimbra
Tel.: 239 851 904
Fax: 239 851 901
www.almedina.net
editora@almedina.net

PRÉ-IMPRESSÃO | IMPRESSÃO | ACABAMENTO
G.C. GRÁFICA DE COIMBRA, LDA.
Palheira – Assafarge
3001-453 Coimbra
producao@graficadecoimbra.pt

Abril, 2010

DEPÓSITO LEGAL
241647/06

Os dados e as opiniões inseridos na presente publicação
são da exclusiva responsabilidade do(s) seu(s) autor(es).

Toda a reprodução desta obra, por fotocópia ou outro qualquer
processo, sem prévia autorização escrita do Editor, é ilícita
e passível de procedimento judicial contra o infractor.

Biblioteca Nacional de Portugal – Catalogação na Publicação

FRADA, Manuel A. Carneiro da

Direito civil, responsabilidade civil : o método
do caso. - reimp. – (Monografias)
ISBN 978-972-40-2758-6

CDU 347
378

APRESENTAÇÃO

Traz-se a público o relatório sobre o programa, o conteúdo e os métodos de ensino de uma disciplina de Responsabilidade Civil que elaborámos, nos termos da lei, com vista à apresentação ao concurso para Professor Associado do Grupo de Ciências Jurídicas da Faculdade de Direito de Lisboa aberto em 31 de Março de 2004, e no qual viríamos a ser aprovados em 13 de Julho de 2005.

Cingidos embora ao propósito universitário específico que presidiu a este trabalho, fizemos dele a ocasião para uma breve visita a algumas das linhas actuais de desenvolvimento do direito da responsabilidade civil, particularmente em domínios novos que costumam ser menos tratados na "manualística" portuguesa e a que não havíamos dedicado também especial atenção, quer em Contrato e Deveres de Protecção, *quer em* Teoria da Confiança e Responsabilidade Civil.

Antecede esse percurso uma reflexão sobre o modo de leccionar a responsabilidade civil e a inserção de uma disciplina com esse conteúdo no plano de estudos jurídicos, tendo em conta o quadro actual da reestruturação dos cursos de Direito; o que nos levou, inevitavelmente, a algumas considerações sobre o presente e o futuro da Teoria Geral e das Obrigações.

Apresenta-se, por fim, o "método do caso", uma forma de ensinar Direito que a nossa experiência de vinte anos de docência na Faculdade de Direito de Lisboa comprova poder ser muito profícuo, ora na Responsabilidade Civil, ora noutras disciplinas de especialização. O carácter, tanto quanto sabemos, inovador do conceito que dele temos, importou a conveniência da sua caracterização enquanto orientação pedagógica e, em particular – incontornavelmente –, um esforço da sua justificação e inserção no plano metodológico de todo o trabalho jurídico.

Duas razões nos determinaram essencialmente a esta publicação.

Por um lado, a insistente necessidade que vínhamos experimentando no nosso ensino da responsabilidade civil de proporcionar aos alunos um fio condutor que os pudesse orientar, mesmo que lacunarmente, no estudo autónomo da matéria leccionada.

Por outro, a esperança de contribuir para o diálogo em torno da renovação e melhoria do ensino do Direito em Portugal, persuadidos que estamos de que o "método do caso" aqui delineado pode, no seu âmbito próprio, constituir uma chave de referência para permitir ou orientar as modificações que se anunciam, tanto na organização do curso geral, como na pós-licenciatura, sem perder de vista a evolução das condições de exercício da docência universitária.

Deixamos, por último, aqui consignada uma palavra de reconhecimento à Doutora Paula Costa e Silva, pela amizade com que acompanhou a elaboração do presente escrito.

Porto, Lisboa, 8 de Dezembro de 2005

PLANO GERAL

INTRODUÇÃO

CAPÍTULO I
A RESPONSABILIDADE CIVIL
NO ENSINO DO DIREITO

§ 1.º A responsabilidade civil, tema genérico do direito privado, a Teoria Geral do Direito Civil e o Direito das Obrigações

§ 2.º "Responsabilidade Civil" como disciplina autónoma

CAPÍTULO II
O PROGRAMA E O CONTEÚDO
DE "RESPONSABILIDADE CIVIL"

§ 1.º Preliminares

§ 2.º O programa

§ 3.º O conteúdo

A) Da Responsabilidade Civil em Geral

B) Responsabilidades Especiais

CAPÍTULO III
O MÉTODO DO CASO

INTRODUÇÃO

Admitidos que fomos ao concurso documental, aberto em 31 de Março de 2004, para o provimento de catorze vagas de Professor Associado do Grupo de Ciências Jurídicas da Faculdade de Direito da Universidade de Lisboa, o presente escrito visa satisfazer a exigência expressa pelo n.º 2 do art. 44 do Decreto-Lei n.º 448/79, de 13 de Novembro, segundo o qual os candidatos devem "apresentar quinze exemplares, impressos ou policopiados, de um relatório que inclua o programa, os conteúdos e os métodos do ensino teórico e prático das matérias da disciplina, ou de uma das disciplinas, do grupo a que respeita o concurso".

Tem-se discutido amplamente a natureza, o sentido e o figurino de semelhante concurso. Não se desenvolverá o tema, já repetidamente versado[1], sem contudo ignorar as limitações que se podem erguer a esta prova tal como está concebida, particularmente a ausência de contraditório suficiente, oral e público, no momento académico a que corresponde.

Importa-nos de qualquer modo, ao mesmo tempo que dar cumprimento à exigência legal respectiva, tomar dela o ensejo para apresentar um contributo em ordem à renovação temática e metodológica do ensino do Direito Civil. São essencialmente estes os objectivos que nos norteiam. Com efeito, a pertinência de relatórios deste tipo está, a nosso ver, estreitamente ligada ao aprofundamento destas duas vertentes do ensino universitário.

Consideramo-lo imprescindível. O enriquecimento e a dinamização da docência jurídica, necessariamente reflectidos nestes planos – temático e metodológico –, representam, na verdade, um cerne justificativo incontornável da feição que tal concurso apresenta entre nós. E deve

---

[1] Uma boa súmula da discussão colhe-se, com abundantes referências, em J. ENGRÁCIA ANTUNES, *Direito das Sociedades Comerciais (Perspectivas do seu ensino)*, Coimbra, 2000, 10 ss. Para aí se remete. Compartilhamos, de resto, diversas apreciações que aí são feitas.

10 *Direito Civil – Responsabilidade Civil*

reconhecer-se também que com importância acrescida no presente contexto da procura de novos caminhos para a leccionação do Direito, de que é sintoma o despertar de algumas experiências diferentes em Portugal e, em todo o caso, sob o impulso das crescentes internacionalização ou globalização pretendidas, melhor ou pior, para a formação jurídica.

Pensamos que tais razões legitimam a proposta de linhas de renovação e dinamização do Direito Civil através de uma disciplina semestral dedicada à responsabilidade civil, a leccionar na fase avançada do curso.

Segundo o plano de estudos em vigor na Faculdade de Direito de Lisboa, aprovado pela Deliberação n.º 616/2003 da Reitoria da Universidade de Lisboa[2], uma cadeira dedicada a tal matéria apresenta-se perfeitamente possível: ou no 4.º ano, dentro da Menção de Ciências Jurídicas, como disciplina de "Direito Privado", ou no 5.º ano, enquanto disciplina opcional de duração também semestral, determinada por deliberação do Conselho Científico[3].

É com certeza sempre oportuna, em relatórios deste tipo, a reconsideração das disciplinas universitárias básicas (do tronco curricular comum) que proporcionam os alicerces do saber jurídico. Não obstante, o escopo mesmo de tais disciplinas – dirigidas a facultar um nível mínimo de conhecimentos básicos e permanentemente incontornáveis – apenas consente ao docente aquela liberdade de desenvolver ou (re)criar o programa, a matéria e os métodos que seja compatível com tais objectivos e contribua para os alcançar de forma eficaz. O que é também dizer que, sem prejuízo de "afinamentos" em função das preferências individuais de cada docente, repensar e refundir em extensão o ensino de tais matérias tem oportunidades relativamente raras[4].

---

[2] Publicada no *Diário da República*, II Série, de 2 de Maio de 2003.

[3] No 5.º ano, como se deduz dos termos da aprovação do plano de estudos em vigor, é em abstracto admissível a fixação pelo Conselho Científico de uma disciplina de responsabilidade civil para qualquer das Menções (Histórico-Jurídicas, Jurídico-Económicas, Jurídico-Políticas e Jurídicas). O ensino focaria, consoante os casos, os aspectos históricos, económicos, publicísticos ou privatísticos da responsabilidade civil. No entanto – e também com realismo –, a responsabilidade civil apresenta-se nuclearmente como área do direito privado, por conseguinte a leccionar na Menção de Ciências Jurídicas.

[4] Ainda assim, essas oportunidades existem. *Colorandi causa*, aponte-se apenas que no início da assinalável renovação do ensino da Teoria Geral do Direito Civil empreendida na Faculdade de Direito de Lisboa durante a passada década de oitenta, além das precursoras lições de Oliveira Ascensão (policop., no ano lectivo de 1983/1984 e 1984/1985), teve grande importância o *Relatório* de Menezes Cordeiro sobre essa disciplina (1987), antecipando o tratamento sistemático constante hoje do seu *Tratado de Direito Civil*.

As disciplinas opcionais[5] obedecem a uma filosofia distinta. Nelas se procura agora uma especialização e complementação do saber. Permite-se por isso também um aprofundamento de matérias antes abordadas nas cadeiras básicas, correspondendo a legítimos desejos de formação específica e preparação profissional mais próxima por parte dos estudantes munidos já de conhecimentos elementares na área jurídica em causa. Daqui resulta uma maior autonomia dos docentes no que respeita a programas, conteúdos e métodos.

A proposta que fazemos aproveita esta circunstância, inovando nestas três dimensões.

Em primeiro lugar, ela pretende enriquecer o ensino da licenciatura com certos temas que dele têm estado arredados – alguns aliás de grande importância prática –, sem, por outro lado, ceder à fútil tentação de, para o efeito, enveredar por uma excessiva particularização dos conteúdos. Esta, na realidade, apresenta-se de delicada compatibilização com a formação "de banda larga" que é antes de mais postulada pelo ensino universitário – e, logo, dirigida a dotar os alunos de estruturas fundamentais de compreensão –, assim como em razão de prosaicas exigências de concentrar a formação geral a dar pela Universidade ao longo de poucos anos, tendo em vista a aptidão para o exercício de um conjunto de profissões.

Nesse sentido, desenvolvem-se igualmente, de forma conveniente, conteúdos essenciais já introduzidos aos alunos, solidificando a sua preparação neles.

Mas, além disso, a presente proposta empenha-se também no que diz respeito a um método específico: o de ensino e trabalho a partir de casos-tipo, no próprio âmbito das aulas ditas "teóricas", ainda que sem nele se pretender absorvê-las na totalidade; um método que, aproveitando já o natural amadurecimento dos alunos em fase final do curso, aposta na iniciativa e participação activas correspondentes à sua autonomia de aprendizagem e os prepara melhor para o tipo de exigências que a vida prática paradigmaticamente lhes colocará. Com efeito, mais do que o domínio sistemático e organizado de extensas matérias jurídicas – via de regra bastante deficientemente conseguido ao cabo da licenciatura –, o

---

[5] Observe-se que, segundo o plano de estudos em vigor, o carácter opcional da cadeira de Direito Privado do 4.º ano resulta da escolha, pelo aluno, da Menção de Ciências Jurídicas.

exercício das comuns profissões jurídicas, voltado que está para a resolução de problemas concretos, requer a capacidade de identificação e relacionação, por entre as circunstâncias de facto singulares trazidas ao contacto do jurista, das coordenadas gerais a ter em conta na valoração jurídica do caso. Com vista à solução, a *praxis* profissional reclama de modo especial a aptidão para desenvolver e aprofundar tais coordenadas no cotejo com o problema, a sua articulação específica, a ponderação da sua força normativa relativa na situação singular.

Ora, o método do caso potencia todos estes aspectos. Numa palavra necessariamente imprecisa, mas impressiva, este método representa o *pendant*, no ensino do Direito, do procedimento indutivo – do particular para o geral (ainda que para regressar depois do geral para o particular) – que marca a vida profissional e que contrasta com o modelo dedutivo – do geral para o particular – tipicamente orientador (através das aulas teóricas) da leccionação dos saberes jurídicos gerais que, tidos por essenciais para a formação de qualquer jurista, são estudados no tronco comum da licenciatura.

Neste espírito, o presente relatório pretende, assim, reunir em si substância e processo, matéria e forma, conteúdo e pedagogia, em síntese que possa ser útil na rediscussão do ensino das Faculdades de Direito agora em curso. Nomeadamente quanto ao aprofundamento de uma – bem concebida – orientação para a vida profissional: não só, ou não sobretudo – sublinhe-se –, segundo a concretização que nela acabaram por receber algumas ideias reitoras de que partimos, mas, para além disso, como matriz de outras e mais profícuas ou acabadas tentativas de seguir a inspiração de tais ideias.

O relevo conferido aos aspectos pedagógicos neste relatório explica-se facilmente. De facto, não está em causa uma prova destinada a comprovar a aptidão científica de um candidato. Outros momentos existem bem mais apropriados para o efeito. Por outro lado, importa apresentar com um mínimo de pormenor um modo de leccionação que será, ao que se supõe, pioneiro no ensino do Direito entre nós.

De harmonia com o exposto, e atenta a sua finalidade, o relatório versará sucessivamente o programa, os conteúdos e o método de uma disciplina específica de responsabilidade civil na licenciatura. Antecederemos, porém, a consideração separada destes aspectos de uma justificação geral da cadeira proposta no âmbito da organização curricular actualmente vigente na generalidade dos cursos de Direito. Ela constitui o pano de fundo no qual vão pensados o programa, os conteúdos e o método.

CAPÍTULO I
A RESPONSABILIDADE CIVIL NO ENSINO DO DIREITO

§ 1.º A responsabilidade civil, tema genérico do direito privado, a Teoria Geral do Direito Civil e o Direito das Obrigações

1. A responsabilidade civil no plano de estudos

Tradicionalmente, a responsabilidade civil é leccionada em Direito das Obrigações, como uma das fontes do vínculo creditício. Concomitantemente, parte significativa dos manuais de Direito das Obrigações, com destaque para algumas obras clássicas de referência, dedica-lhe atenção e relevo neste contexto[6].

Não obstante, a disciplina de Direito das Obrigações, nos entendimentos mais comuns que dela têm vingado, é produto de um conjunto de factores que ultrapassam em muito a esquadria lógica imposta pela noção de obrigação (constante, entre nós, do art. 397 do Código Civil[7]).

Alguma doutrina intui e releva o fenómeno, com plena pertinência, em relação à responsabilidade civil. Assim, apontou Menezes Cordeiro há já duas décadas que "foram atraídas para a órbita do Direito das Obrigações situações jurídicas que, nada tendo a ver com serviços, redundavam, no entanto, estruturalmente, em obrigações-vínculos"; esta realidade, a que chama "absorção estrutural" por parte do Direito das Obrigações, exemplifica-a justamente com a responsabilidade civil[8].

Advertira aliás Pessoa Jorge de que o acto ilícito que consubstancia o delito representa a violação de um dever diverso de uma obrigação em

---

[6] Exemplificativamente, *vide* apenas ANTUNES VARELA, *Das Obrigações em Geral*, I, 10.ª edição, Coimbra, 2003 (reimpr.), 518 ss, ALMEIDA COSTA, *Direito das Obrigações*, 9.ª edição, Coimbra, 2004, 473 ss, RIBEIRO DE FARIA, *Direito das Obrigações*, I, Coimbra, 1990, 410 ss. Cfr., ainda, RUI DE ALARCÃO, *Direito das Obrigações*, Coimbra, 1983 (policop.), 205 ss.

[7] Todas as disposições doravante citadas sem menção da fonte pertencem ao Código Civil, salvo indicação em contrário ou se outra coisa resultar do contexto.

[8] MENEZES CORDEIRO, *Direito das Obrigações*, I, Lisboa, 1986 (policop., reimpr.), 19.

16 *Direito Civil – Responsabilidade Civil*

sentido técnico, partindo em todo o caso depois para um tratamento conjunto da responsabilidade obrigacional e extra-obrigacional a pretexto de que ambas teriam, fundamentalmente, o mesmo regime[9].

Esta perspectiva da responsabilidade civil, por muito perspicaz que se possa celebrar, não logrou no entanto nenhuma apreciável consequência no plano didáctico, pois aquela continua a ser leccionada e vista fundamentalmente como uma das fontes principais do vínculo obrigacional[10]. Algumas reflexões mais recentes sobre a disciplina não alteraram substancialmente este modo de ver[11-12]. E, de facto, parece haver

---

[9] Cfr. *Direito das Obrigações*, I, Lisboa, 1975/1976 (policop.), 239 e 477 ss.

[10] Há, naturalmente, motivos para tanto. Reportamo-nos, em todo o caso, à notícia que dá, do ensino (oral) mais recente de SINDE MONTEIRO, HENRIQUE MESQUITA e CALVÃO DA SILVA, L. MENEZES LEITÃO, *O Ensino do Direito das Obrigações/Relatório sobre o programa, conteúdo e métodos de ensino da disciplina*, Coimbra, 2001, respectivamente 228 ss, 239 ss, e 243 ss. Também este autor segue a orientação básica de tais autores: cfr. *Direito das Obrigações*, I *(Introdução/Da Constituição das Obrigações)*, 3.ª edição, Coimbra, 285 ss.

[11] É certamente a esta perspectiva que se enfeuda ainda a recente abordagem do ensino do Direito das Obrigações ensaiada por PEDRO ROMANO MARTINEZ em *Direito das Obrigações (Apontamentos)*, Lisboa, 2003 (policop.), pois, a despeito de uma criticável opção formal-sistemática, a responsabilidade civil é tratada a seguir às (restantes) fontes das obrigações, contratos, negócios unilaterais, gestão de negócios e enriquecimento sem causa. A opção a que nos referimos é a de autonomizar num capítulo próprio a responsabilidade civil, na sequência de um outro capítulo, este tão abrangente que engloba as demais fontes das obrigações (atrás mencionadas). Daqui resulta uma evidente dessintonia formal entre o lugar dessas fontes e o da responsabilidade civil, ficando-se sem saber a que se deve o privilégio (formal) da responsabilidade em relação aos contratos, à gestão ou ao enriquecimento sem causa. Acresce que, sendo o primeiro capítulo dedicado às fontes das obrigações, ele abrange evidentemente a responsabilidade civil. Sem reparo neste aspecto é a opção "clássica" de, correspondendo à inspiração do Código Civil, considerar a responsabilidade uma secção ao lado de outras (como os contratos, os negócios unilaterais, a gestão ou o enriquecimento sem causa).

[12] Lembre-se igualmente a proposta de MENEZES LEITÃO, delineada em *O Ensino do Direito das Obrigações* cit., 319 ss, 327 ss, e depois realizada no seu *Direito das Obrigações*. Deixando de lado os diversos contributos sectoriais deste manual, quer em ordem a um levantamento, actualizado e sintético, do "estado da arte" entre nós, quer para um melhor entendimento de um conjunto variado de questões pertencentes ou versadas no seio desta disciplina, centremo-nos sobre a sua reflexão global sobre a disciplina. Salta à vista que a novidade essencial que a anima se traduz nuclearmente na anteposição, à matéria clássica e inicial do conceito e estrutura da obrigação, do desenvolvimento de um conjunto de "Princípios" supostamente "do Direito das Obrigações", a saber, o da autonomia privada, o do ressarcimento dos danos, o da restituição do

Cap. I – A Responsabilidade Civil no Ensino do Direito

algumas razões – culturais, pedagógicas e de quadro legal vigente – para tal ausência de reflexos no ensino e em abono da estruturação vigente dos planos de curso da licenciatura em Direito[13].

A verdade, porém, é que as condicionantes de cultura, as próprias concepções ou insinuações da lei, e as conveniências didácticas que as reflectem ou se lhes moldam, não tolherão o reconhecimento de que a responsabilidade civil se articula de uma forma particular, não linear, com o Direito das Obrigações. Cremos mesmo que, em virtude da matéria, se pode bem sustentar que o seu local sistemático próprio, quando considerada na sua globalidade, reside na Teoria Geral do Direito Civil. Pelo menos tomando-se na devida conta a intenção desta disciplina.

A razão é a seguinte: implicando a "responsabilidade" (em sentido amplo) que alguém sofra ou suporte as consequências de certos factos, e a responsabilidade civil, que o faça através do cumprimento de uma

---

enriquecimento, o da boa fé e o da responsabilidade patrimonial. Com isso, o autor situa-se dentro da tradição daqueles que, entre nós, isolam um conjunto de vectores gerais do Direito das Obrigações, como MENEZES CORDEIRO, o qual distingue, nesta sede, a autonomia privada, a boa fé e a responsabilidade patrimonial (cfr. *Direito das Obrigações* cit., I, 49 ss), ou como ALMEIDA COSTA (*Direito das Obrigações* cit., 95 ss), identificando o princípio da autonomia privada e o da boa fé. Acrescenta porém a estes princípios pacificamente reconhecidos outros dois, o do ressarcimento dos danos e o da restituição do enriquecimento.

Ora, o ganho produzido não nos parece ser algum. De facto, considerar a título introdutório esses dois princípios só duplica a leccionação de matérias, pois aquilo que pode ser objecto de menção nessa proposta seria perfeitamente versado no quadro da leccionação do enriquecimento sem causa e da responsabilidade civil. Sobretudo, no entanto, há um patente equívoco resultante de considerar esses dois princípios (aos quais se resume – neste mesmo plano – a novidade propugnada pelo autor), princípios do Direito das Obrigações, pois quando muito inspiram as fontes das obrigações – e duas delas, apenas, o enriquecimento sem causa e a responsabilidade civil –, nada tendo particularmente a ver com o tratamento jurídico do vínculo obrigacional uma vez constituído. As fontes estão na realidade "fora" desse vínculo e do seu regime específico; são apenas seu pressuposto.

O próprio autor que apreciamos não deixa aliás de denunciar aquilo que pode considerar-se uma ambiguidade natural decorrente da não distinção entre o conteúdo e o pressuposto de um regime, já que os seus princípios do ressarcimento dos danos e da restituição do enriquecimento são na verdade tomados, quer enquanto princípios do Direito das Obrigações, quer como princípios base das fontes das obrigações. Cfr., quanto aos vários pontos referidos, *Direito das Obrigações* cit., I, 21 ss, 285 ss, 407 ss.

[13] *Vide* ainda *infra*.

obrigação de indemnizar, esta acaba por se encontrar estreitamente vinculada à tutela das mais variadas posições jurídicas. A responsabilidade civil representa um dos meios por excelência de que o Direito se serve para proteger situações jurídicas as mais diversas.

Estas não precisam de ser situações jurídicas creditícias, sobre as quais se debruça o Direito das Obrigações. No âmbito do Direito Civil, podem ser nomeadamente atinentes, ainda, à personalidade, de índole corporativa ou fundacional, ou, também, configurar-se como situações reais, familiares ou sucessórias. Mas ultrapassam mesmo, na sua extrema variedade, as fronteiras do direito privado comum, podendo por exemplo ser posições do âmbito do direito comercial, industrial, societário ou da concorrência desleal. Verifica-se aliás que no próprio Direito Público a responsabilidade civil tem vindo a afirmar-se como um dos núcleos mais importantes da regulamentação jurídica, sendo também que ela tem partido à conquista de novos espaços em áreas tradicionalmente menos permeáveis à obrigação de indemnizar, como ocorre com o direito internacional público.

Precisemos: certamente que a responsabilidade obrigacional (derivada do não cumprimento de obrigações) pode pertinentemente ser leccionada no Direito das Obrigações como uma das mais importantes formas de tutela desse vínculo, ligada a vicissitudes e "patologias" que atingem deveres de prestar. Trazer depois para a órbita desta disciplina a responsabilidade extra-obrigacional tem por si, apesar das diferenças entre as duas ordens de responsabilidade, a razão da ampla transponibilidade dos problemas e de quadros relevantes para a determinação das soluções. Mas a imputação de danos, tomada, como habitualmente na doutrina, *per se*, no conjunto das suas manifestações, essa é que ultrapassa em muito as fronteiras do Direito das Obrigações[14].

A responsabilidade civil assume-se assim enquanto tal, no fundo, como um instrumento de todo o Direito, do Direito *qua tale* (na forma por que o conhecemos hoje). Por isso, teria inteiro cabimento integrar o estudo das suas noções e princípios básicos numa Teoria Geral do Direito.

---

[14] A distinção entre responsabilidade civil obrigacional e extra-obrigacional – que há muito, e contracorrente (desde o nosso *Contrato e Deveres de Protecção*, Coimbra, 1994, por exemplo, 118 ss, 161 ss, 188 ss), vimos enfatizando e sustentando – reflecte-se portanto igualmente no plano lógico-racional da estruturação do ensino da responsabilidade civil.

Ocorre porém que a Teoria Geral do Direito não tem lugar consolidado nos planos de estudos das Faculdades de Direito portuguesas[15]. Sem desconhecer os problemas de definição (e afirmação) ou utilidade que uma disciplina desse género seguramente levantaria[16], parte das funções que se lhe poderiam razoavelmente assinalar – entre as quais cabe, sobretudo numa perspectiva não filosófica da Teoria Geral do Direito, a de comunicar os "conceitos" e as "estruturas fundamentais do direito positivo" – estão hoje desempenhadas pela Teoria Geral do Direito Civil. Nesta disciplina têm-se vindo justificadamente a desenvolver a teoria e o estudo das posições jurídicas básicas[17], posições não confinadas na sua essência ao direito privado. A ela compete também uma teoria geral da tutela jurídica dessas mesmas posições[18].

---

[15] A disciplina de Introdução ao Direito, na vertente assumidamente propedêutica que é espelhada na sua designação, não pode evidentemente absorver os conteúdos da Teoria Geral do Direito.

[16] Cfr. só, elucidativamente, A. KAUFMANN e W. HASSEMER, *Introdução à Filosofia do Direito e à Teoria do Direito Contemporâneas*, Lisboa, 2002 (Fundação Calouste Gulbenkian), 25 ss, 34 ss.

[17] Se a abordagem dos tipos essenciais de posições jurídicas corresponde a um conteúdo difundido da disciplina, cumpre realçar o justificado destaque e desenvolvimento que a esta matéria central têm sido dados, entre nós, por OLIVEIRA ASCENSÃO e MENEZES CORDEIRO: cfr., respectivamente, em *Direito Civil/Teoria Geral*, III (*Relações e situações jurídicas*), Coimbra, 2002, 9 ss, e *Tratado de Direito Civil Português*, I/1 (*Parte geral*), 2.ª edição, Coimbra, 2000, 139 ss. (Também PEDRO PAIS DE VASCONCELOS confere relevo a esta matéria, mas desgradua-a ao tratá-la no contexto do estudo do exercício jurídico – a fazer lembrar a adjectivação do Direito implicado pelo sistema das *actiones* –, e não, como seria preferível, previamente a esse estudo; cfr. *Teoria Geral do Direito Civil*, 2.ª edição, Coimbra, 2003, 629 ss.)

[18] Não deve objectar-se a esta perspectiva que, afinal, seria redutor leccionar matérias de Teoria Geral do Direito numa disciplina de Direito Civil, como o é a Teoria Geral do Direito Civil. Não vão elencar-se aqui as considerações que explicam o carácter "primogénito" do Direito Civil no contexto dos diversos sectores do ordenamento (uma primazia científica e cultural de base histórica, que não nega – cada vez menos – o enorme contributo que outros ramos do Direito dão ao entendimento global do fenómeno jurídico). Mas sem dúvida que uma análise puramente lógica da questão abordada poderia dar razão à aludida objecção.

Não há-de todavia olvidar-se que não se trata, para nós, de reestruturar ou propor uma reestruturação do ensino de amplas partes do Direito Civil numa geometria lógico-dedutiva pura, ao estilo de um ESPINOSA ou evocando o rigor conceptual de um PUCHTA. Não nos deteremos mesmo perante os limites de tal geometria atento o carácter cultural do Direito, implicando opções de ensino condizentes com essa sua natureza. O nosso objectivo é bem mais moderado: lembrar a centralidade e o carácter transversal da res-

Não se desconhece que é escasso o desenvolvimento conferido à tutela jurídica na Teoria Geral do Direito Civil[19]. A verdade porém é que nela teria perfeito cabimento o estudo das estruturas e formas básicas da protecção juscivil, e, em especial, a abordagem genérica de matérias como a coerção ao cumprimento, a protecção indemnizatória contra danos, a tutela restitutória (campo, em particular, do enriquecimento sem causa, mas sem esquecer as consequências das ineficácias, originárias ou supervenientes, e as relações de liquidação que essas ineficácias originam) ou a tutela constitutiva de efeitos jurídicos (que assegura as posições jurídicas mediante configurações potestativas de situações jurídicas alheias)[20].

Em todo o caso, cumpre salientar que no ensino da Teoria Geral do Direito Civil na Faculdade de Direito de Lisboa, fortemente dinamizado e refrescado a partir de meados da década de oitenta por Oliveira Ascensão e Menezes Cordeiro, e que conta actualmente também com Pais de Vasconcelos como cultor de referência, se releva, embora em graus e medidas diferentes, o papel central que a responsabilidade civil possui dentro do direito civil em geral[21].

Não nos cabe exprimir aqui em profundidade um juízo sobre as opções que nesta sede são feitas nas correspondentes obras. Mas pensamos que, muito embora sem ignorar o mérito de tais opções, nelas se

---

ponsabilidade civil no âmbito do sistema jurídico, de modo a justificar a viabilidade de uma disciplina de aprofundamento e complementação nos planos de estudos das Faculdades de Direito lusas.

[19] Uma excepção digna de nota é a de L. Carvalho Fernandes que, na sua *Teoria Geral do Direito Civil*, II *(Fontes, conteúdo e garantia da relação jurídica)*, 3.ª edição, Lisboa, 2001, 669 ss, autonomiza e tematiza com amplitude a garantia (da relação jurídica), referindo nesse âmbito a responsabilidade civil (como garantia substitutiva).

[20] Não se pretende apresentar um elenco completo das matérias susceptíveis de serem versadas. Quanto às dúvidas que podem surgir neste sector, lembre-se apenas as do lugar da tutela preventiva inibitória (que, contudo, acompanhando uma sugestão de Di Majo, *La tutela civile dei diritti*, 2.ª edição, Milano, 1993, 132 ss, colocaríamos numa parte geral do estudo da tutela jurídica), bem como a questão de saber se a regra da conduta de boa fé não será uma forma de controlo também dos poderes privados integrante da problemática da garantia dos sujeitos (como quer o autor citado, *ibidem*, 378 ss; mas a regra da boa fé não diz primacialmente respeito à tutela de certas posições, porque determina – enquanto norma "primária" – um modo de agir exigível em certos contextos e é, ela própria, objecto de protecção).

[21] Cfr. destes autores, respectivamente, *Direito Civil/Teoria Geral*, II *(Acções e factos jurídicos)*, 2.ª edição, Coimbra, 2003, 23 ss, *Tratado de Direito Civil Português*, I/1 cit., 271 ss, e *Teoria Geral do Direito Civil* cit., 16 ss.

Cap. I – A Responsabilidade Civil no Ensino do Direito   21

trata essencialmente ainda de proporcionar um conhecimento perfunctório de algumas linhas mestras do Direito Civil no seu conjunto, úteis para a compreensão do seu sentido global e da panóplia de soluções que ele (tipicamente) apresenta (como quer que se organizem esses conhecimentos: *v.g.*, referenciando-os enquanto princípios jurídicos, como institutos jurídicos, em rubricas introdutórias ou no âmbito de uma teoria da acção humana[22]).

Não se foca, por conseguinte o ponto que agora queremos assinalar: que algumas dessas matérias – interessa-nos especialmente a responsabilidade civil – deveriam ser (em grande medida) leccionadas, *de um ponto de vista lógico-racional*, no âmbito da Teoria Geral do Direito Civil, não só com intuitos propedêuticos ou exploratórios, mas num desenvolvimento muito mais próximo daquele que chegam a assumir em outras disciplinas, onde mais pormenorizadamente são versadas (sem prejuízo de algumas inevitáveis adaptações).

Do exposto resulta entretanto também que a responsabilidade civil não é a única matéria tradicionalmente leccionada no Direito das Obrigações a disputar um lugar na Teoria Geral do Direito Civil. O enriquecimento sem causa corresponde do mesmo modo certamente a um sector normativo que, na sua função de defender, como reza a conhecida fórmula, "a ordenação substancial dos bens aprovada pelo Direito"[23], marca presença entre os temas de Teoria Geral do Direito candidatos a um aprofundamento na Teoria Geral do Direito Civil. E a própria gestão de negócios, forma paradigmática da cooperação humana (não contratual) que representa – do agir para ou por outrem[24] –, sendo transversal aos mais variados sectores do Direito, é também, no fundo, por razões semelhantes, um daqueles institutos que bem poderia ter acolhimento numa Teoria Geral do Direito Civil[25].

---

[22] Cfr. *ibidem*.

[23] "O enriquecimento é injusto porque, segundo a ordenação substancial dos bens aprovada pelo Direito, ele deve pertencer a outro", lê-se em Antunes Varela, *Das Obrigações em Geral*, I, cit., 487. O enriquecimento sem causa é palco geral de tensão entre a justiça e a segurança, valores fundamentais da juridicidade: cfr. Diogo Leite de Campos, *A Subsidiariedade da Obrigação de Restituir o Enriquecimento*, Coimbra, 1974, 359 ss, 431 ss, e *passim*.

[24] Cfr., a propósito, Oliveira Ascensão, *Direito Civil/Teoria Geral*, II, cit., 242, distinguindo entre a gestão de negócios e a substituição em sentido restrito.

[25] Já no que concerne ao contrato, ele é versado, parcialmente, em Teoria Geral. Mas aspectos muito relevantes da sua doutrina geral são por hábito estudados (também) em Direito das Obrigações.

Por outro lado, figuras como o negócio e o contrato, repartidas com frequência entre a Teoria Geral e as Obrigações, pertencem indubitavelmente ao âmbito da primeira, parecendo que apenas dizem respeito à segunda aqueles aspectos ligados às específicas consequências obrigacionais que deles podem brotar. Deste ângulo, merece reservas, no que concerne ao contrato e ao negócio jurídico unilateral, a continuada importação de (verdadeira) matéria de Teoria Geral pelo Direito das Obrigações.

Claro que, se do ponto de vista lógico-racional – de harmonia com o exposto –, se justifica um alargamento da Teoria Geral do Direito Civil, há que reconhecer e sublinhar que essa circunstância não é, de modo algum, suficiente para logo crismar de fundamentalmente inadequada a articulação mais comum de matérias entre o Direito das Obrigações e a referida Teoria Geral. De facto, a pragmática de uma leccionação pedagogicamente eficiente – que há-de, ao mesmo tempo que respeitar o carácter histórico--cultural do Direito, mover-se dentro das possibilidades dos actuais planos de curso –, deve dissuadir de críticas fáceis e precipitadas.

Na realidade, como ainda diremos, está em causa a ambivalência da Teoria Geral do Direito Civil, que oscila entre as exigências de transmitir os conteúdos *de lege lata* pertencentes à Parte Geral do Código Civil e aquilo que se deveria reclamar enquanto realização de uma verdadeira e própria teoria geral do direito civil.

O que, de qualquer forma, a perspectiva que expomos permite e vincula é a consciência, de docentes e discentes, de que uma parte muito importante do conteúdo da disciplina de Direito das Obrigações respeita, na realidade, a um património de todo o Direito Civil ou, mesmo, do Direito em si; e que o cerne da disciplina de Direito das Obrigações está, afinal, em outras matérias.

2. Alternativas

Por essa razão, tem de louvar-se a coerência e unidade do notável curso de "Teoria Geral das Obrigações", de Manuel de Andrade, cujos seis capítulos incidem sucessivamente sobre as seguintes matérias:

"Conceito, importância e estrutura das obrigações";

"Modalidades das obrigações quanto ao vínculo. Obrigações civis e obrigações naturais";

"Modalidades das obrigações quanto aos sujeitos";

"Modalidades das obrigações quanto ao objecto";

"Cumprimento das obrigações" e
"Não cumprimento das obrigações".

O próprio autor alerta para que a sua atenção "só muito levemente incidirá sobre o elemento causal, que intervém aqui como em todas as outras relações jurídicas e se traduz no facto jurídico", propondo-se antes destacar os elementos estruturais (*hoc sensu*) da relação debitória: "os sujeitos, o objecto e o vínculo jurídico [...][26]." As tradicionalmente chamadas fontes das obrigações não são, portanto, tratadas sistematicamente. Apenas a responsabilidade civil obrigacional é versada.

No entanto, as razões susceptíveis de justificar esta estruturação não sensibilizaram aparentemente, de modo suficiente, a evolução posterior do ensino das Obrigações.

Deve de todo o modo assinalar-se a linha semelhante seguida nas lições de Direito das Obrigações de Galvão Telles. O autor destaca a responsabilidade obrigacional, no capítulo do não cumprimento, por referência à qual se propõe tratar a extra-obrigacional[27]. Reconhece-se, no fundo, a evidente conexão dessa responsabilidade com o vínculo obrigacional e o estudo das suas vicissitudes. E o desvalor (relativo) a que este autor vota a responsabilidade dita extracontratual acaba, na realidade, por corresponder ao entendimento correcto – pese embora não explicitado – de que tal responsabilidade se não encontra funcionalizada ao vínculo obrigacional e representa uma realidade não especificamente atinente ao Direito das Obrigações em sentido próprio. (Mas perspectiva semelhante impor-se-ia igualmente a respeito da gestão de negócios e do enriquecimento sem causa.)

À primeira vista, o estímulo destas estruturações para uma reflexão sobre a centralidade científico-pedagógica da responsabilidade civil (em geral) ter-se-á depois esgotado. Sucederam-se e adquiriram primazia orientações que optaram por integrar o ensino da responsabilidade civil (extra-obrigacional), em bloco, no Direito das Obrigações, preferindo acentuar o vínculo creditício a que aquela dá origem, sem valorizar o carácter nuclear da responsabilidade civil na compreensão (actual) do "jurídico" na sua globalidade[28].

---

[26] Cfr. MANUEL DE ANDRADE, *Teoria Geral das Obrigações* (com a colaboração de Rui de Alarcão), 2.ª edição, Coimbra, 1963, 441 ss, 16 e *passim*.

[27] GALVÃO TELLES, *Direito das Obrigações*, 7.ª edição, Coimbra, 1997, 218 e 329 ss.

[28] Cfr. designadamente as já referidas obras de ANTUNES VARELA, ALMEIDA COSTA e RIBEIRO DE FARIA.

24 Direito Civil – Responsabilidade Civil

Em compensação, situa-se na linha do que pensamos e levamos sugerido o programa de Direito das Obrigações recentemente elaborado, na Faculdade de Direito de Lisboa, por Pedro Ferreira Múrias, para a turma da noite do ano lectivo de 2001/2002[29]. Deixando de lado outros méritos que agora não cumpre assinalar[30], saliente-se apenas o que é importante dentro da sequência do que vimos afirmando. Segundo tal programa, o (designado) Direito da Obrigação apresenta-se pertinentemente autonomizado de outras áreas, ocupando nele uma parte, ao lado da parte dedicada à responsabilidade civil, da parte do enriquecimento sem causa e de uma parte residual, abrangente, sob o epíteto clássico das *variae causarum figurae*, de matérias como a gestão de negócios, os negócios unilaterais, a teoria das relações contratuais de facto e a tese das regulações do dono tão cara ao autor.

Na justificação, toca-se precisamente o ponto que temos vindo a sublinhar. Deste modo: "[...] a responsabilidade civil, o enriquecimento sem causa e o direito da obrigação são temas com autonomia problemática, histórica e dogmática que justifica uma autonomia pedagógica. Ombreiam com o negócio jurídico, estudado em Teoria Geral do Direito Civil. A Parte III deste curso [*variae causarum figurae*] é evidentemente residual e sem unidade, incluindo as «fontes das obrigações» menos importantes[31]."

A principal crítica que, em todo o caso, merece a estruturação de Pedro Múrias prende-se com a ordenação pedagógica relativa de tais partes. Com efeito, o curso de Direito das Obrigações abre imediatamente com a responsabilidade civil (Parte I), sem precedência de uma suficiente explicação da realidade e disciplina do vínculo jurídico obrigacional, seguindo-se depois o estudo do enriquecimento sem causa (Parte II) e de *variae causarum figurae* (Parte III). Só a final surge – como Parte IV – o Direito da Obrigação.

Quer dizer: inicia-se uma disciplina com aquilo que dela é mero pressuposto e se reconhece nela não se incluir. O que é o objecto próprio da disciplina de Direito das Obrigações surge relegado para o final do curso, sem que aos alunos seja aparentemente proposta uma explicação

---

[29] Cfr. RFDUL XLIII, 1 (2002), 865 ss.

[30] Mas que louvamos ao nosso antigo aluno de Direito das Obrigações, hoje assistente na Faculdade de Direito de Lisboa.

[31] Cfr. *Programa* cit., 865.

Cap. I – A Responsabilidade Civil no Ensino do Direito 25

idónea da antecipação das matérias da responsabilidade civil, do enriquecimento sem causa e das *variae causarum figurae* em relação a esse mesmo objecto, que por outro lado teria sempre de ser introduzido com um mínimo de pormenor. E desvaloriza-se em excesso aquilo que também as pode conexionar com acerto pedagógico dentro do actual quadro curricular[32]. Há, por conseguinte, uma inversão que importa corrigir.

Na realidade, a independência e a dignidade igual de que a responsabilidade civil se reveste em relação aos outros grandes itens do programa, do ponto de vista problemático, dogmático e histórico, não pode significar o desconhecimento de quanto as liga na unidade (ou unificação) de aprendizagem em Direito das Obrigações. Assim, se tais itens encontram hoje, segundo o plano de estudos em vigor na Faculdade de Direito de Lisboa, a sua guarida nessa disciplina (e não numa Teoria Geral do Direito Civil reformulada e ampliada), parece que a respectiva ordenação não é fungível.

A primeira parte da disciplina de Obrigações deve portanto, em nosso entender, ser preenchida com a sua substância própria, reservando-se para a segunda a leccionação daqueloutras matérias como conteúdos que, podendo embora reivindicar uma pertença à Teoria Geral do Direito Civil, têm um nexo com a doutrina comum das obrigações como suas fontes.

É verdade que no programa derradeiramente considerado, ao anteceder-se o estudo da responsabilidade civil em geral em relação à compreensão da responsabilidade obrigacional – incluída, esta, na Parte IV dedicada ao "Direito da Obrigação" –, se evitam os inconvenientes de uma abordagem desta última desligada da compreensão mais geral do fenómeno da imputação dos danos (através da obrigação de indemnizar). De facto, aqui reside uma não negligenciável objecção pedagógica a estruturações como as de Manuel de Andrade ou Galvão Telles[33].

---

[32] Dado o carácter esquemático do referido programa, raciocinamos evidentemente na base do teor das rubricas respectivas e do seu equilíbrio recíproco. Assim, não se desconhece que algumas das objecções levantadas podem ser desfeitas mediante um adequado entendimento da (aí prevista) introdução à disciplina, a qual, todavia, nos parece então que deverá contemplar algumas das matérias versadas na Parte IV.

[33] Pedro Múrias esquiva-se-lhe certamente sob o influxo da concepção unitária do direito da imputação dos danos que subscreve. São no entanto de formular algumas observações críticas àquela sua concepção (referências no nosso *Teoria da Confiança e Responsabilidade Civil*, Coimbra, 2003, *v.g.*, 271 ss, 271 n. 249, 306-307 n. 284, 761 n. 845).

Supomos, no entanto, que a melhor solução para resolver semelhante conflito entre as exigências científicas e pedagógicas do Direito das Obrigações – respeitando a necessidade de nele incluir hoje a leccionação de toda a responsabilidade civil – parece passar pelos seguintes pontos. Antes de mais, tratar o direito comum das obrigações e só a seguir, com autonomia, a responsabilidade civil. Depois, acomodar a responsabilidade obrigacional a este figurino, remetendo o seu estudo mais completo para o capítulo da responsabilidade civil (em geral), onde a responsabilidade obrigacional deverá ter um tratamento específico.

3. A solução preferida

A nossa sensibilidade no que toca à estruturação do ensino da Teoria Geral do Direito Civil e do Direito das Obrigações espelha, em grande medida, as considerações que se expenderam.

Assim, no âmbito da reforma curricular recentemente levada a cabo pela Faculdade de Direito da Universidade Católica (pólo de Lisboa), sobre a qual fomos consultados[34], sugerimos que o objectivo (pressuposto) da semestralização da disciplina anual de Direito das Obrigações se poderia conseguir através do seu desdobramento em duas cadeiras semestrais, a funcionar em sequência (ou, eventualmente, caso necessário, em paralelo), ficando uma delas destinada à leccionação do que pode chamar-se "a doutrina comum das obrigações" e preenchendo-se a outra com a matéria das "fontes das obrigações" (aí se versando o negócio – contratos e negócio unilateral –, ao menos na parte em que se abordem específicas consequências obrigacionais da celebração de negócios, e, depois, a gestão de negócios, o enriquecimento sem causa e a responsabilidade civil)[35].

---

[34] O autor destas linhas é professor convidado da Universidade Católica.

[35] A reforma veio entretanto a seguir um caminho diferente, por se ter avançado para uma divisão da cadeira anual de Direito das Obrigações em duas disciplinas de carga lectiva muito desigual. Essa circunstância explica as dificuldades de operar o desdobramento nos termos em que o propugnáramos. Optou-se apenas, tanto quanto sabemos, por autonomizar, da matéria classicamente dada em Direito das Obrigações, o cumprimento e o não cumprimento, fazendo-lhe corresponder uma disciplina com esse nome e deixando para o Direito das Obrigações o restante.

Não mereceu igualmente acolhimento uma outra sugestão, intermédia – que também fizemos –, de autonomizar na disciplina de menor carga horária a matéria do que pode

Cap. I – A Responsabilidade Civil no Ensino do Direito

No nosso ensino na Faculdade de Direito de Lisboa temos em todo o caso dado curso mais desenvolvido ao entendimento que exprimimos. Deste modo, no ano lectivo de 2003/2004, em que nos foi atribuída uma regência de Direito das Obrigações, optámos por dedicar a primeira metade do ano ao ensino da "doutrina geral da relação obrigacional", fazendo-lhe suceder depois um estudo de várias relações obrigacionais típicas, relevando o seu modo de constituição e enfatizando que muito daquilo que as individualiza pertence sistematicamente a um acervo comum do direito civil (ou, mesmo, do Direito *tout court*).

A primeira parte ficou assim estruturada:

1. Introdução ao Direito das Obrigações.
2. Conceito, características e espécies da relação obrigacional.
3. Constituição da relação obrigacional.
4. Conteúdo da relação obrigacional.
5. Extinção da relação obrigacional.
6. Terceiros e relação obrigacional.
7. Perturbações da relação obrigacional.
8. Garantias da relação obrigacional.

A segunda parte, dedicada ao estudo da constituição e regime de algumas relações obrigacionais típicas, foi assim apresentada:

9. Contratos e negócios jurídicos unilaterais.
10. Relações contratuais de facto.

---

chamar-se as "fontes legais das obrigações" (das fontes, mas com exclusão, portanto, do negócio).

A reforma do plano de estudos que entrou em vigor na Universidade Católica merece, numa apreciação global, ser seguida com interesse. Importou-nos apenas, *colorandi causa*, explicitar melhor o nosso entendimento do lugar da responsabilidade civil nos *curricula* das Faculdades de Direito. Há, portanto, espaço para o aperfeiçoamento da reforma do plano de curso da Faculdade de Direito da Universidade Católica no que toca ao Direito das Obrigações. Uma feliz articulação entre os dois âmbitos lectivos hoje existentes para versar a matéria no modelo da antiga cadeira anual dependerá naturalmente, sobremaneira, da sensibilidade do respectivo encarregado de regência.

É que a semestralização de disciplinas jurídicas que vai hoje ganhando espaço dificilmente se justifica se for meramente formal ou se para ela se não encontrarem fundamentos materiais adequados.

28   *Direito Civil – Responsabilidade Civil*

11. Gestão de negócios.
12. Enriquecimento sem causa.
13. Responsabilidade civil.

A sistematização seguida não é perfeita, e tencionamos mesmo reelaborá-la[36]. De qualquer forma, ela permitiu-nos já autonomizar formalmente matérias – entre a primeira e a segunda parte do curso – pertencentes, umas ao Direito das Obrigações, outras, em grande medida, à Teoria Geral do Direito Civil, sem prejuízo de uma certa contiguidade ou continuidade pedagógica a atender no seio da disciplina de Direito das Obrigações, e, ao mesmo tempo, evitando efectuar rupturas demasiado fortes com tradições de compreensão e conveniências da aprendizagem e transmissão de conhecimentos.

Não há, muito provavelmente, sistematizações perfeitas, capazes de conjugar em si, de modo pleno, os requisitos de uma elaboração lógico--racional da matéria e as necessidades pedagógicas. Assim, procurando as acomodações necessárias dentro do equilíbrio que julgamos preferível, no capítulo da constituição das obrigações apenas se trata de proporcionar uma teoria das fontes útil e proveitosa, orientada predominantemente para os efeitos práticos conexos com a admissibilidade de novas fontes de obrigações, tão amiúde subvalorizados (tópico: novas figuras da área da "terceira via" da responsabilidade civil).

Dando um outro exemplo: a responsabilidade obrigacional, se não pode deixar de ser sumariamente apresentada no âmbito das perturbações da relação obrigacional, tem de ser aprofundada mais tarde em tratamento sistemático conjunto das modalidades da responsabilidade civil[37]. Existe, de resto, uma grande vantagem em a abordar aí, cotejando-a com a responsabilidade dita delitual. Pelo menos para quem, como nós, há

---

[36] Com vista a adequá-la de modo mais pleno a uma estratégia racional de exposição da matéria. Em todo o caso, admite-se sem dificuldade alguma que há obstáculos na realização integral das exigências de um ensino lógico-sistematicamente perfeito, por tais exigências poderem colidir também, nalguma medida, se levadas a um extremo de apuro, com "englobamentos" da apreensão, pedagogicamente convenientes em disciplinas destinadas a proporcionar uma formação básica a quem não tem qualquer iniciação nas matérias abrangidas.

[37] Não deve esquecer-se, de toda a maneira, que há estruturas gerais da responsabilidade civil que os alunos, ao iniciarem a aprendizagem da responsabilidade obrigacional, já conhecem da Teoria Geral do Direito Civil.

Cap. I – A Responsabilidade Civil no Ensino do Direito 29

muito defende – sem prejuízo daquilo que as liga – a distinção e especificidade (teórica e prática) das duas ordens de responsabilidade uma em relação à outra[38].

De focar, por fim, que a divisão proposta do Direito das Obrigações em duas partes coincide sensivelmente, em termos temporais, com uma divisão por semestres, considerando a carga lectiva correspondente ao ensino da disciplina que existe hoje na Faculdade de Direito de Lisboa e respeitando a sua uniforme distribuição ao longo do ano. Deste modo, a nossa preferência pode perfeitamente realizar-se no âmbito das propostas de alteração do plano de estudos em discussão no seio desta Faculdade, que apontam para a semestralização da cadeira de Direito das Obrigações. Com a vantagem específica de que, segundo o critério adoptado, operando-se esta semestralização, nada impedirá que as cadeiras (semestrais) dela resultantes possam, querendo-se, ser leccionadas em paralelo ou mesmo por qualquer ordem (com afinamentos de pormenor tendentes a articular devidamente essas cadeiras segundo a sequência que se estabeleça).

Mas também no ensino da Teoria Geral do Direito Civil de que fomos várias vezes encarregados na Faculdade de Direito de Lisboa – por último, durante o ano lectivo de 2002/2003 – vimos adaptando a nossa leccionação a estas concepções.

Assim, a responsabilidade civil tem sido objecto de uma atenção específica, na parte inicial do curso, enquanto *ideia regulativa geral* do Direito Civil, conexionada com a tutela jurídica[39]. Procura então realçar-

---

[38] Cfr., por último, o nosso *Teoria da Confiança e Responsabilidade Civil* cit., 270 ss, 287 ss, e *passim*.

[39] Prefere-se um entendimento deste tipo à consideração da responsabilidade civil como princípio jurídico. Pela razão de que temos as maiores dúvidas e reservas de que a responsabilidade, na variedade das suas modalidades, corresponda efectivamente a um princípio jurídico unitário (que se queira minimamente determinativo de consequências).

Vemos antes a responsabilidade civil como reflexo de uma ideia regulativa genérica e especificável de forma diversa, sob o influxo de outros tantos princípios reitores. Ilustrativamente quanto às razões da nossa preferência, pode apontar-se algum paralelismo com a nossa reflexão no que concerne à boa fé e à justificação geral da responsabilidade pela confiança: cfr. *Teoria da Confiança e Responsabilidade Civil* cit., especialmente 865 ss.

De qualquer modo, cumpre também salientar que o conceito de ideia regulativa geral que utilizamos não é o de um descritor, empírico e vago, de matérias jurídicas. As ideias regulativas não têm a densidade e a determinação dos princípios – e, muito menos, das normas –, mas correspondem a modos de estruturação da matéria jurídico-civil sensíveis

30   *Direito Civil – Responsabilidade Civil*

-se a sua centralidade para o Direito Civil no seu conjunto e, mesmo, na grande extensão das suas manifestações, considerando o fenómeno jurídico *qua tale*. E são depois versados os alicerces genéricos que sustentam e conformam esse pensamento, em concatenação com algumas das suas concretizações emblemáticas no direito vigente.

Temos ainda acrescentado, subsequentemente, uma referência razoável, conquanto não demasiado extensa, ao enriquecimento sem causa[40]. Além disso, costumamos aludir, no contexto do negócio, ao

---

do ponto de vista da construção sistemática e científica deste ramo do Direito. Uma outra fórmula possível para a ideia regulativa é a de "fundamentos jurídico-normativos gerais".

A opinião que exprimimos é assim muito diferente da de L. Menezes Leitão, *O Ensino* cit., 335, e *Direito das Obrigações* cit., I, 51 ss, e 285 ss, que alicerça a responsabilidade civil num princípio unitário de ressarcimento dos danos. (Ao invés, porém, o autor considera que a gestão de negócios, e a própria área das relações contratuais de facto, se não baseiam em "princípios gerais" – atente-se também no plural [*O Ensino* cit., 345, e *Direito das Obrigações* cit., 485 ss] – o que surpreende quando se manuseiam com tanta amplitude princípios; ora, a verdade é que, assim como na responsabilidade civil se tornam presentes vários princípios, também eles são descortináveis na gestão de negócios e na área dogmática das relações contratuais de facto.)

Diversa da nossa afigura-se ser ainda a opinião de C. Mota Pinto, *Teoria Geral do Direito Civil*, 3.ª edição actualizada, Coimbra, 1989, 71 ss, 113 ss, que cataloga a responsabilidade civil entre os sete princípios do Direito Civil (mas – pág. 83 – intuindo talvez alguma dificuldade em identificar numa enunciação tão abrangente conteúdos jurídicos minimamente determinativos, falou também, em sinonímia com a expressão princípios, de ideias ou instituições que fundamentam o actual direito civil).

Perfeitamente compatível com o nosso entendimento afigura-se-nos já a concepção de Pais de Vasconcelos, *Teoria Geral* cit., 16 ss, que fala de um princípio de responsabilidade num sentido muito mais geral, implicado pela dignidade originária da pessoa e pela sua liberdade, abrangendo todos os fenómenos de responsabilidade jurídica *lato sensu* do sujeito, aí incluída a responsabilidade civil: pertinentemente, não se pretende, portanto, reduzir a responsabilidade civil a um único e universal princípio.

[40] A novidade residirá essencialmente em dois pontos. Em primeiro lugar, no maior desenvolvimento dado à matéria da responsabilidade civil por comparação com o que resulta já de um manual de referência como o de Menezes Cordeiro, *Tratado* cit., I/1, onde há uma explícita – e, a nosso ver, justificadíssima – detenção na imputação de danos (no âmbito de uma introdução ao Direito Civil). (Diversa é a questão de saber se a responsabilidade civil pode ser unificada, como o autor sustenta, num – único – instituto geral do direito civil.)

A outra diferença reside na atenção dada ao instituto do enriquecimento sem causa, a contrastar com o silêncio a que ele é votado pela generalidade dos autores de Teoria Geral do Direito Civil.

Apesar de tudo, o desenvolvimento que temos dado a estas matérias na disciplina de Teoria Geral do Direito Civil não é grande, também porque somos conscientes de que

Cap. I – A Responsabilidade Civil no Ensino do Direito   31

fenómeno mais geral da cooperação humana, concretizando, a propósito da representação, algumas das suas formas, com destaque para a gestão de negócios, para a prestação de serviços (nomeadamente com o mandato sem representação) e para a relação dita de "comissão".

Por outro lado, o ensino da doutrina básica do negócio jurídico que constitui um cerne incontornável da disciplina compreende, para nós, matérias gerais muitas vezes incluídas no Direito das Obrigações, com destaque para a alteração das circunstâncias e outras formas de cessação ou modificação dos efeitos do negócio, tal como a problemática das cláusulas contratuais gerais e dos negócios ditos "rígidos".

A exiguidade do tempo lectivo destinado à Teoria Geral do Direito Civil, considerando as matérias que nela é suposto serem leccionadas, não permite – certamente – avançar na exposição dos conteúdos da res-

---

qualquer ajustamento no programa desta disciplina, ainda que porventura justificável, tem de atender a dois factores: se implica articulações com outras disciplinas, não pode desatender a necessidade de garantir a efectiva preparação dos alunos, que não podem ser prejudicados com omissões resultantes de ajustamentos "unilaterais" dessas articulações; depois, representando o desenvolver da matéria do enriquecimento sem causa e da responsabilidade civil um prolongamento do programa da disciplina de Teoria Geral, ele dá-se no quadro de uma cadeira já sobrecarregada onde é difícil sacrificar matérias; não deve portanto ultrapassar os limites de um acrescentamento razoável. (Importa não esquecer que a Teoria Geral tem visto "reforçar-se" a sua importância nos mais recentes ensinos. A tracção centrípeta que exerce sobre matérias muito variadas é proporcional à feição de "teoria geral" que efectivamente é capaz de apresentar; esta, muito variável ao longo do tempo, corresponde, sem dúvida, a um esforço que é apanágio de recentes exposições da Teoria Geral do Direito Civil na Faculdade de Direito de Lisboa. Supomos, de resto, que a evolução do ensino da Teoria Geral do Direito Civil em Portugal poderá muito bem ser no sentido do aprofundamento desta tendência numa medida mais uniforme pelas matérias abrangidas, fazendo esbater de algum modo a hipertrofia relativa da teoria do negócio jurídico, afinal uma entre outras matérias, mas responsável por uma certa desigualdade, devido a um tratamento habitualmente mais profundo. Neste particular, justifica-se trazer de novo à colação o plano de estudos da Universidade Católica, que autonomiza entre uma cadeira dedicada à "Teoria do Negócio Jurídico" e uma outra disciplina, votada à doutrina geral do direito civil: esta divisão evita as distorções das "teorizações" desiguais em sede de Teoria Geral do Direito Civil, ao mesmo tempo que potencia um reequilíbrio de "teorização" daquelas matérias que não ultrapassam o universo do negócio.)

Uma última observação para referir que temos plena consciência de que o nosso ensino da Teoria Geral, apesar mesmo do relevo conferido às duas matérias indicadas, não é ainda plenamente coerente com a intencionalidade que subjaz à respectiva introdução, pois haveria de abranger, em obediência a ela, outras. O constrangimento da extensão do programa faz-se desde logo sentir se se pretende avançar nessa linha.

32 *Direito Civil – Responsabilidade Civil*

ponsabilidade civil que, num esforço de reconstrução lógico-racional, pertenceriam de facto, em substância, a tal disciplina. Mas além disto não se afigura possível prosseguir unilateralmente.

Uma alteração mais vasta de conteúdos de uma disciplina de formação básica da importância da Teoria Geral terá de ser feita em articulação com o Direito das Obrigações e procedendo a outras ponderações, nomeadamente de natureza pedagógica. A reordenação de matérias apresentada, embora corresponda, para nós, a uma forma de sistematização mais perfeita do Direito Civil, não exime portanto da necessidade de observar, enquanto estiver em vigor, o actual plano de estudos (respeitando o peso relativo das disciplinas nele incluídas), nem da ponderação de factores pedagógicos na hora de apreciar a sua alteração. Ela julga-se, de resto, minimamente compatível com esse plano.

4. (*cont.*) Cenários de um futuro da Teoria Geral e das Obrigações; sobre o ensino "principiológico" da Teoria Geral

Poderá, em todo o caso, inspirar no futuro reformas curriculares mais amplas, e tanto mais audazes quanto mais flexível se apresentar a possibilidade de configurar disciplinas de variável carga horária. *"De iure condendo"*, no quadro de uma semestralização ao que parece quase inevitável do plano de curso da licenciatura em Direito, cremos, por tudo o que se disse, ser de equacionar a restrição do Direito das Obrigações a cadeira semestral centrada na doutrina geral da relação obrigacional. A responsabilidade civil, o enriquecimento sem causa e outras matérias versadas enquanto fontes das obrigações poderiam passar a integrar uma cadeira autónoma de Direito Civil *tout court* (como aplicáveis que são em toda a extensão do Direito)[41].

---

[41] A doutrina geral do contrato e o negócio jurídico unilateral pertencem à Teoria Geral. Permanece por resolver o problema da localização do estudo das obrigações emergentes de contratos e negócios unilaterais. Se é certo que ele cabe na doutrina da relação obrigacional, dá à disciplina respectiva um conteúdo acrescido, que requererá assim um tempo lectivo compatível. (Uma alternativa – pelo que vai dito, menos boa – que evitaria contudo esta dificuldade seria avançar para uma semestralização na base do programa que temos vindo a seguir e a apresentar, configurando a cadeira de Direito Civil a que o texto alude como disciplina de "fontes das obrigações".)

Quanto à gestão de negócios, ela representa uma manifestação da cooperação humana não contratual. Poderia porventura ser versada na órbita da leccionação do

Cap. I – A Responsabilidade Civil no Ensino do Direito 33

Tendo estas matérias a mesma dignidade problemática, dogmática e histórica do negócio, haveria com certeza que articular esta nova distribuição com a Teoria Geral do Direito Civil. Mas este é também o ensejo de dar tradução às críticas que se podem fazer a certa Teoria Geral do Direito Civil que, excessivamente enfeudada a uma concepção discutível do que deva ser a Parte Geral de um Código Civil, se apresenta desequilibrada em extensão e conteúdos (também, como se viu, no confronto com o Direito das Obrigações), além de pedagogicamente difícil[42].

Sem poder aprofundar agora este ponto, seja-nos apenas consentido delinear – perdoando-se o exercício heterodoxo e a sua ocasião – que, em abstracto, é pensável a substituição da Teoria Geral do Direito Civil por duas cadeiras semestrais correspondentes, respectivamente, a um Direito Civil I e a um Direito Civil II. O Direito Civil I incluiria uma introdução ao Direito Civil, comunicaria alguns fundamentos e ideias regulativas gerais de todo o Direito Civil – entre os quais uma doutrina geral das situações jurídicas e do seu exercício, dos bens, do facto jurídico e da tutela jurídica[43] – e versaria, a título principal, o Direito das Pessoas. Poderia chamar-se "Fundamentos de Direito Civil e Direito das Pessoas". Ao Direito Civil II ficaria reservada a doutrina geral do negócio (incluindo aí o contrato, a área das relações contratuais de facto e a representação). Em paridade com esta "Teoria Geral do Negócio" do ponto de vista do relevo curricular – como exigência da mesma dignidade material, científica e cultural – surgiria o Direito Civil III, dedicado principalmente, e

---

negócio e do contrato. Mas há argumentos para a manter conexionada com a responsabilidade civil e o enriquecimento sem causa. Se se desacopla do contrato e do negócio, é de ponderar leccionar-se apenas depois da imputação dos danos e do locupletamento injustificado.

[42] Subscrevemos em grande medida as lúcidas objecções que à Parte Geral são sobretudo dirigidas por MENEZES CORDEIRO (*vide*, por último, *Tratado* cit., I/1, 89 ss), numa sequência da crítica à doutrina da absolutização da relação jurídica empreendida por OLIVEIRA ASCENSÃO (por último, *Teoria Geral* cit., III, 23 ss).

De qualquer modo, o sentido da nossa opinião tem sobretudo a ver com a pretensão de ser a Parte Geral o repositório de uma (autêntica) teoria geral do Direito Civil – quanto à nossa concepção, *vide* ainda *infra* –, pois do ponto de vista técnico-legislativo, apesar das imperfeições que se podem assinalar na expressão histórica que aquela assume, há que proceder com cautela: a opção por uma parte geral carece de ser cotejada com as suas alternativas, e estas também apresentam os seus inconvenientes.

[43] O desenvolvimento do regime do facto jurídico far-se-ia predominantemente no Direito Civil II (negócio jurídico) e o dos bens nos Direitos Reais.

34   *Direito Civil – Responsabilidade Civil*

talvez por esta ordem, à responsabilidade civil, ao enriquecimento sem causa e à gestão de negócios. Neste modelo, a única precedência que se imporia seria a do Direito Civil I em relação às disciplinas Direito Civil II e III, apresentando-se a ordem destas como intermutável.

O quadro seria completado com Direito Civil IV ("Direito das Obrigações"), Direito Civil V ("Reais" ou "Propriedade"), Direito Civil VI ("Família") e Direito Civil VII ("Sucessões").

Apesar de semelhante rearranjo representar agora, como se disse, um simples ensaio de configuração, responda-se a algumas críticas fáceis que contra ele se poderiam esgrimir. Quanto ao carácter fragmentário do Direito Civil III ("Responsabilidade Civil, Enriquecimento sem Causa e Gestão de Negócios"), ele reproduz na substância a diversidade que hoje se alberga dentro do Direito das Obrigações[44]. E é apenas uma consequência da (eventual) necessidade de igualar aproximadamente a carga lectiva das várias disciplinas entre si.

Já no que diz respeito à supressão da Teoria Geral do Direito Civil (tal como hoje a conhecemos), é oportuno começar por recordar que semelhante disciplina não existe nos países desprovidos de codificações integrantes de uma extensa Parte Geral (tenha-se também presente a experiência anglo-saxónica).

Mas deve afirmar-se convictamente a importância de uma teoria geral do direito civil, como tarefa inalienável do pensamento jurídico, ao qual cabe manter-se em permanente tensão com vista a essa elaboração.

O que nos persuadimos é de que, não obstante o esforço que nesse sentido vem sendo feito entre nós[45], a maior parte dos conteúdos versados na cadeira de Teoria Geral do Direito Civil não são, na realidade, os correspondentes a uma "teoria geral" desse mesmo ramo do direito.

---

[44] Com a vantagem de proporcionar um desenvolvimento um pouco maior das respectivas matérias (em termos, todavia, que não põem em causa a pertinência de uma disciplina opcional de Responsabilidade Civil, com os contornos abaixo apresentados e justificados).

[45] Sirva de elucidativo exemplo o "tom" da *Teoria Geral* de OLIVEIRA ASCENSÃO, manifestado, entre outros, na extensa reflexão sobre a situação e a relação jurídica, a contitularidade, a causa, as suas vicissitudes e extinção, tal como no enraizamento do negócio e do acto jurídico numa doutrina da acção, ou na teorização da pessoa como fundamento da personalidade jurídica (cfr., do autor, *Direito Civil/Teoria Geral* cit., I, II e III, *passim*).

Vai muito mais além do que por esta é reclamado, o estudo pormenorizado, por exemplo, dos direitos de personalidade, do regime das pessoas colectivas, da formação do contrato, da cláusula condicional, da simulação, da representação, da caducidade ou da prescrição. A circunstância de, ao gosto da pandectística, se apurarem e utilizarem para o efeito conceitos rigorosos, de grande abstracção e extensão potencial, não o modifica. A falta de consciência de que aqueles conteúdos não pertencem (necessariamente) a tal teoria geral pode inclusive distrair profundamente da missão de construção de uma teoria geral que cabe aos juristas universitários.

De facto, uma teoria geral não é o mesmo que uma regulamentação geral, como a elaboração daquela não significa a exposição desta última. Por essa razão, bem andou um autor como Heinrich Hörster ao, na esteira da tradição germânica, ousar romper com a (ao tempo) unanimidade lusa em torno de lições de "Teoria Geral" e preferir apresentar uma obra didáctica, precipuamente... sobre a "Parte Geral" do Código Civil[46].

A nossa ideia do que deve ser uma "Teoria Geral" revê-se muito mais num ensino "principiológico" do direito civil – concebendo o sistema jurídico-civil organizado em torno de um conjunto de princípios fundamentais –, do que nas comuns explanações do conteúdo da Parte Geral, mesmo em obras de referência[47]. Apurar princípios do direito civil não significa descrever tão-somente traços de regime (de grande amplitude de aplicação) e afinar um sistema de conceitos gerais abstractos, mas penetrar na seiva mais íntima do direito civil para lhe perceber o

---

[46] Sublinhe-se este ponto. É de notar que na pátria reconhecida da Teoria Geral do Direito Civil não há, que saibamos, qualquer disciplina de "Zivilrechtstheorie", existindo, isso sim, disciplinas universitárias onde se lecciona o "Allgemeiner Teil" (e o florescimento de obras didácticas com esse título).

Quanto às intenções de Heinrich Hörster, vide A Parte Geral do Código Civil Português (Teoria Geral do Direito Civil), Coimbra, 1992, especialmente a "Apresentação".

[47] A exposição de princípios jurídico-civis já foi ensaiada entre nós. Merece destaque, especialmente, Pedro Pais de Vasconcelos na sua Teoria Geral cit., 11 ss.

O cerne da nossa ideia não reside em todo o caso na preocupação de elencar um conjunto de elementos introdutórios ao estudo da Parte Geral (ainda e sempre aceite como objecto incontestado da cadeira de Teoria Geral do Direito Civil). Pretende-se antes salientar a pertinência de organizar uma (autêntica) teoria geral do Direito Civil em torno do estudo aprofundado dos princípios jurídico-civis e das suas estruturas de articulação. Este é todavia um programa que aqui não pode ser desenvolvido, mas apenas enunciado.

"carácter" e conhecer, por essa via, quer os critérios material-valorativos essenciais *de lege lata* para a resolução dos litígios jurídico-civis, quer aqueles que devem iluminar o seu desenvolvimento[48].

Por isso, o ensino dos princípios de direito civil deverá orientar-se pela necessidade de proporcionar o entendimento dos nexos de fundamentação tipicamente existentes, ou exigidos, no *iter* das soluções jurídico-civis; há-de perspectivar-se, portanto, em torno da dinâmica de concretização e aplicação dos aludidos princípios – em coordenação uns com os outros –, não esquecendo a gradual desenvolução de um sistema que se sabe, e quer, inconcluso e aberto. Em ordem a tal desiderato requere-se, naturalmente, uma abordagem rigorosa (científica, *hoc sensu*) dos aludidos princípios e do seu papel no direito civil moderno. Concomitantemente, deverá proceder-se a uma reconstrução do "sistema externo" de exposição de conteúdos jurídicos (através de princípios) que o reflicta de modo apropriado[49].

---

[48] Reconhece-se razão de ser às críticas de OLIVEIRA ASCENSÃO em relação a certos entendimentos do papel que devem ocupar na leccionação os princípios jurídicos, mas pensamos que a "nulidade dos resultados" de que fala apenas pode predicar-se de entendimentos empírico-descritivos de regimes feitos a coberto da invocação de princípios (cfr., do autor, *Teoria Geral* cit., I, 19 ss).

Quanto ao facto de alguns princípios apontados como de Direito Civil serem, na verdade, princípios de toda a ordem jurídica ou jurídico-privada, tal tem a ver com a primazia cultural e científica que este ramo da ordem jurídica (ainda) pode reclamar (com justiça) como sua característica genérica. E não deve esquecer-se que a unidade interna de um ramo do Direito, a sua identidade e a sua diferenciação de outros, não são dadas só ou necessariamente por princípios diferentes, mas pela tipicidade e intensidade de que se revestem, assim como através das particularidades do enlace de tais princípios entre si (que não têm que estar todos, sempre, numa relação valorativo-hierárquica semelhante).

Supomos por tudo o que vai referido que é melhor uma adequada exposição dos princípios do Direito Civil do que a apresentação das características fundamentais deste ramo do Direito (que, aliás, a não querer resumir-se a uma finalidade descritiva, terá de incorporar uma dimensão "normativa", não se distinguindo então provavelmente, de modo significativo, da preferência que manifestamos).

[49] Temos, por exemplo, para nós que convém apresentar os princípios jurídicos em ligação estreita com as consequências jurídicas que lhes são próprias, lhes conferem identidade e os autonomizam em relação a outros princípios. A eficácia jurídica que lhes corresponde – e que os individualiza e contradistingue de outros – deve portanto ser espelhada de forma suficiente. Assim, diferentemente de PEDRO PAIS DE VASCONCELOS, não consideraríamos princípios, por exemplo, o personalismo ético, a boa fé ou a responsabilidade, que preferimos entender como ideias regulativas, realizáveis através de vários princípios.

Cap. I – A Responsabilidade Civil no Ensino do Direito 37

Aqui chegados, importa no entanto atentar devidamente no quadro de referências de semelhante perspectiva. No fundo, as dificuldades de ordenação científico-pedagógica da matéria juscivil que as considerações anteriores recordam (e para que procuram aprestar soluções) explicam-se pelo sentido de fidelidade a uma *autêntica teoria geral do direito civil*. Redefina-se – e redenomine-se –, porém, a cadeira de Teoria Geral do Direito Civil, passando a designá-la singelamente por Parte Geral e concebendo como tal o seu conteúdo, que as referidas dificuldades esfumam--se em grande medida, esbatendo-se também o problema da colocação da responsabilidade civil no ensino do Direito.

Rejeitada, com efeito, a pretensão de leccionar numa cadeira de "Teoria Geral" (somente) a *teoria geral* do direito civil, a articulação e sequência entre as disciplinas da "Parte Geral", Direito das Obrigações, Direitos Reais, Direito da Família e das Sucessões tem por explicação natural e pedagogicamente eficiente a estruturação do Código Civil, sobre que se decalca. É esta, no fundo, que sobretudo ampara e justifica a planificação das cadeiras de direito civil da licenciatura em Direito em torno dos "Livros" do Código Civil (assinalando do mesmo passo os seus limites). E um sentido pedagógico prático, que se pode louvar nos factores culturais subjacentes à quadripartição clássica do direito civil, tem ditado a manutenção deste esquema de ensino em termos que se não devem levianamente menosprezar[50].

§ 2.º "Responsabilidade Civil" como disciplina autónoma

5. Justificação de uma nova cadeira de opção

Independentemente do modo como no futuro se venha a organizar a leccionação da responsabilidade civil no tronco comum da licenciatura, a introdução de uma disciplina opcional dedicada à temática da imputação de danos (mediante a obrigação de indemnizar) constitui uma inovação dentro do panorama dos cursos de Direito no nosso país. Requer por isso uma justificação, mesmo que breve.

---

[50] São de apontar, neste contexto, as observações ricamente documentadas de MENEZES CORDEIRO, *Teoria Geral do Direito Civil/Relatório*, Lisboa, 1987, 399 ss.

38 *Direito Civil – Responsabilidade Civil*

Se se descontarem experiências recentíssimas na Faculdade de Direito da Universidade Católica, onde a cadeira funcionou pela primeira vez, com pioneirismo, em regime de seminário no ano lectivo de 2002/ /2003 sob a orientação do autor destas linhas, e na Faculdade de Direito da Universidade Nova de Lisboa, em que, nesse mesmo período, uma disciplina semestral com o mesmo nome teve a regência do Professor Doutor Carlos Ferreira de Almeida, não se encontram, tanto quanto pudemos averiguar, antecedentes próximos que confortem a consagração dessa opção curricular.

Tal não é, de resto, essencial. A reflexão e a crítica, ou reelaboração construtiva, do ensino jurídico que se podem considerar objectivos muito pertinentes de um relatório desta natureza estão longe de implicar uma abordagem histórica desse ensino. Sabemos bem quão enraizada é a tendência de, em provas deste tipo, proceder a uma investigação dos antecedentes da leccionação da disciplina escolhida para escrutínio[51]. E não se nega – longe disso – a respectiva utilidade ou pertinência[52]. O que no entanto importa apontar é que, ademais de essa perspectiva não poder ser *ex definitione* reclamada para a proposta de uma disciplina *nova* de especialização, o ponto de vista da análise histórica não se afigura susceptível de consubstanciar (hoje) o ângulo decisivo para averiguar e valorar o sentido e o conteúdo de uma qualquer cadeira do plano de estudos da licenciatura em Direito. Este aspecto não deve ser olvidado.

O fundamento da introdução da "Responsabilidade Civil" como cadeira opcional radica na circunstância de que a leccionação do direito da imputação dos danos – qualquer que seja, repete-se, a escolha quanto ao modo de a inserir no tronco das disciplinas comuns e ainda que se perfilhem as orientações que acima exprimimos (nomeadamente quanto à organização da matéria dentro do Direito das Obrigações) – se depara

---

[51] Uma muito desenvolvida abordagem deste género foi precisamente há pouco levada a cabo, na disciplina do tronco comum que versa a responsabilidade civil, por L. Menezes Leitão, em *O Ensino do Direito das Obrigações* cit.

[52] A ilustração de quanto dizemos deduz-se modelarmente, por último, das considerações de António Pedro Barbas Homem em *História do Pensamento Jurídico (Relatório)*, separata da RFDUL, Coimbra, 2003, *passim*, relevando o papel da história (do pensamento jurídico) na formação do jurista e apontando para o efeito a essencialidade, entre outros, dos contributos dos Professores da Faculdade de Direito de Lisboa Ruy de Albuquerque e Martim de Albuquerque.

Cap. I – A Responsabilidade Civil no Ensino do Direito

com uma exiguidade de tempo que infalivelmente se repercute numa bastante superficial aprendizagem desse sector jurídico-normativo por parte dos alunos.

Ensina a experiência que o facto de uma matéria constituir objecto de certa disciplina – mesmo que aí ocupe um lugar de algum destaque – não assegura só por si uma compreensão suficientemente aprofundada dessa matéria. O grau do conhecimento que dela é susceptível de ser adquirido por parte de alunos depende de uma multiplicidade de factores. Varia, por exemplo, em função da articulação de tal matéria com outras da mesma cadeira, bem como da dimensão do programa completo da disciplina. Quanto maior for o relevo das outras áreas que com ela compartilhem o espaço de uma disciplina e a extensão que nela ocupem[53], menor tenderá a ser a preparação dos alunos nela.

Por outro lado, a preparação dos alunos depende da maturidade que possuam na ocasião da aprendizagem. Assim, a absorção de conhecimentos em certa área é muito mais rápida numa disciplina de especialização ou complementação de conhecimentos do que numa cadeira de formação básica (que é, ordinariamente, de iniciação).

Por último, sabe-se bem que uma compressão de matérias no âmbito de qualquer disciplina tem os seus limites, pela simples razão de que a capacidade de aprendizagem não é elástica e tem limites naturais.

Todos estes factores conduzem a que, mesmo beneficiando de uma introdução global estruturante em Teoria Geral do Direito Civil, a preparação dos alunos em sede de responsabilidade civil que é possível alcançar no termo da frequência da disciplina de Direito das Obrigações se apresenta, à partida, limitada e cingida a uma formação jurídica de feição genérica e confinada a aspectos essenciais.

Esta circunstância não é também susceptível de sofrer alterações apreciáveis em virtude do simples reposicionamento da responsabilidade civil no âmbito dessa disciplina ou, mesmo, repensando-se em moldes renovados o ensino da Teoria Geral do Direito Civil. Em qualquer caso, não se ultrapassaria uma formação básica e genérica.

Neste facto se tem de procurar a razão da conveniência e/ou utilidade de uma disciplina de opção susceptível de proporcionar aos interes-

---

[53] É evidentemente elucidativo confirmá-lo à luz dos programas que têm sido sucessivamente apresentados para a cadeira de Direito das Obrigações em Portugal. Cfr. L. MENEZES LEITÃO, *O Ensino* cit., 27 ss, especialmente 189 ss, e *passim*.

40   *Direito Civil – Responsabilidade Civil*

sados os convenientes aprofundamentos e desenvolvimentos num âmbito de indiscutível interesse prático e teórico.

A sugestão nada tem de particular. Há, aliás, um exemplo próximo. Numa outra área tradicionalmente preponderante no Direito das Obrigações – a dos contratos – reconhece-se hoje pacificamente, como mostra o plano de estudos em vigor na Faculdade de Direito de Lisboa, e de resto os de outras Faculdades[54], a vantagem de oferecer uma disciplina de opção.

Ora, para a responsabilidade civil valem substancialmente as mesmas razões que alicerçam e justificam uma disciplina de Direito dos Contratos. É certo que esta última, segundo o modo pelo qual vem sendo leccionada habitualmente, se ocupa a título principal em proporcionar a preparação dos alunos num âmbito do Código Civil – no do Título II, do Livro II, dedicado aos Contratos em Especial –, que, até há bem pouco tempo, não estava coberto por qualquer disciplina, mesmo opcional[55].

Não obstante, a circunstância de no Direito das Obrigações se poder versar, em princípio, a totalidade das normas do Código Civil que disciplinam genericamente o fenómeno da responsabilidade civil não é de molde a olvidar que essa mesma responsabilidade é na actualidade um mundo de desenvolvimentos muito extenso e progressivamente normativizado em diplomas avulsos, crescentemente especializado e objecto de

---

[54] Cfr., nomeadamente, o plano de estudos da Faculdade de Direito da Universidade Católica Portuguesa (tanto na versão do pólo de Lisboa, como na do pólo do Porto).

[55] O pioneirismo no ensino dos Contratos em Especial cabe, segundo supomos, em tempos recentes, à iniciativa de Menezes Cordeiro, que no princípio da década de noventa incluía esse ensino no âmbito do Direito das Obrigações, correspondendo aí à última parte do curso que então dirigiu durante alguns anos. Sob a sua coordenação nasceu aliás o 3.º volume das suas lições de Direito das Obrigações, dedicado aos Contratos em Especial, da responsabilidade de um grupo de assistentes da Faculdade de Direito de Lisboa. Incluímo-nos nesse grupo com um estudo sob o título *"Perturbações típicas do contrato de compra e venda"* (cfr. *Direito das Obrigações/Contratos em Especial*, coord. de Menezes Cordeiro, policop., Lisboa, 1991, 49 ss). O 3.º volume em causa, com os estudos que o integram, foi sendo sucessivamente reimprimido, tendo constituído durante alguns anos praticamente o único texto universitário no país a versar metodicamente (ainda que de modo incompleto) os Contratos em Especial. Surgiram entretanto outros textos, com destaque para o de Pedro Romano Martinez, *Direito das Obrigações (Parte Especial), Contratos (Compra e venda, locação, empreitada)*, hoje 2.ª edição, Coimbra, 2001, e para o de Luís Menezes Leitão, *Direito das Obrigações*, III *(Contratos em Especial)*, hoje 2.ª edição, Coimbra, 2004.

Cap. I – A Responsabilidade Civil no Ensino do Direito 41

conhecimentos sectoriais muito relevantes. Acresce que, ao invés do que ocorre com o conteúdo da disciplina de Direito dos Contratos, que tem sido – como se disse – centrada no estudo dos contratos civis regulados no Código Civil, a responsabilidade civil oferece hoje um dinamismo multipolar que abarca ou é susceptível de abraçar vários sectores da ordem jurídica, complementando, por exemplo, os Direitos Reais, o Direito da Propriedade Industrial e da Concorrência Desleal ou o Direito das Sociedades.

Sobretudo o estudo dos pressupostos da responsabilidade civil – porventura o núcleo problemático mais importante em matéria de responsabilidade – permite incursões em muitas áreas do que pode designar-se o direito ("primário") da ordenação dos bens. Deste modo se possibilita, mesmo que a título indirecto, inúmeros e profícuos aprofundamentos e recapitulações de conhecimentos sensíveis para a adequada preparação do jurista: pense-se, ilustrativamente, na doutrina do negócio, na teoria da confiança, no direito das sociedades ou dos valores mobiliários, ou no direito ambiental.

Por outro lado, a fronteira da responsabilidade com o enriquecimento sem causa é hoje, em vários pontos de grande sensibilidade prática, bastante questionada e insegura; pelo que um aprofundamento nesta zona conduz também a um melhor conhecimento deste outro grande instituto.

A versatilidade da disciplina de Responsabilidade Civil permite acorrer, por este prisma, a múltiplas necessidades formativas. Em certo aspecto, ela parece mesmo poder proporcionar uma utilidade marginal superior ao estudo dos próprios contratos civis (sob o ponto de vista de uma formação jurídica mais aberta e transversal).

Uma referência especial merece ainda a importância da doutrina comum da responsabilidade civil para a compreensão da responsabilidade civil do Estado, assim como de organizações internacionais, ambas hoje muito relevantes. A doutrina juspublicista portuguesa teve, nos últimos decénios, um crescimento exponencial de grande qualidade. Contudo, preserva uma apreciável margem de progressão no campo da responsabilidade civil do Estado[56], aliás objecto de preocupações legislativas

---

[56] Veja-se contudo, com muito interesse, *v.g.*, FAUSTO DE QUADROS (coord.), *Responsabilidade Civil Extracontratual da Administração Pública*, 2.ª edição, Coimbra, 2004. Quanto ao enquadramento constitucional da responsabilidade civil do Estado, cfr. nomeadamente JORGE MIRANDA, *A Constituição e a responsabilidade civil do Estado*, in Estudos em Homenagem ao Prof. Doutor Rogério Soares, Coimbra, 2001, 927 ss.

recentes. Também esta se desenvolve em múltiplas direcções como a responsabilidade por actos jurisdicionais, por medidas legislativas ou pela respectiva omissão, pela prisão preventiva infundada, etc.; estão em jogo todas as áreas correspondentes às funções efectivamente desempenhadas pelo Estado na sociedade contemporânea. Neste contexto, a presente disciplina tem portanto interesse significativo para os alunos da vertente juspublicista.

Julgamos, em concordância, que a consagração de uma disciplina opcional de Responsabilidade Civil permite alcançar dois objectivos essenciais genéricos, e um acessório. Por um lado, viabiliza-se um aprofundamento de matérias que, apesar da sua importância teórico-prática, na ausência dessa cadeira, apenas seriam abordadas no estrito âmbito e limites de uma formação comum de base. Por outro lado, tal disciplina permite alargar o leque da oferta de formação universitária, de modo a abranger um conjunto de temas e desenvolvimentos específicos do direito da responsabilidade que, de outra forma, quedariam excluídos da formação académica. Finalmente: proporciona-se uma revisão mais exigente do conhecimento daqueles sectores do ordenamento que são tutelados através da obrigação de indemnizar.

É certo que não se afigura curial pretender-se da licenciatura em Direito que faculte uma preparação em todas as áreas susceptíveis de interesse jurídico, teórico ou prático. Dentro, porém, de uma criteriosa ponderação relativa das utilidades das diversas disciplinas capazes de alargar a compreensão do "jurídico" tendo em vista a *law in action*", é difícil contestar que a responsabilidade civil se conta hoje entre aquelas matérias em relação às quais as lacunas de aprendizagem mais sensíveis podem ser.

Perante a inviabilidade de dotar os alunos de todos os elementos formativos necessários a responder às virtuais exigências das suas opções e solicitações profissionais, observa-se aliás hoje uma maior consciência da conveniência de enraizar a formação do jurista naquelas áreas que, por serem nucleares, são à partida dotadas de uma maior expansibilidade do leque de incidência prática e que, por isso, respondem melhor à inexorabilidade que constitui a especialização da vida profissional. O estudo da responsabilidade civil reveste-se, neste aspecto, de um grande valor acrescentado, comparativamente com outras matérias. Não só pela multiplicidade e diversidade de situações para que é convocada, como pela centralidade dos seus quadros estruturantes em ordem a uma formação integral e sólida do jurista.

Assim, também numa ponderação integrada com outras opções do plano de curso em matéria de disciplinas facultativas parece não dever menosprezar-se a valia da autonomização curricular avançada.

No actual contexto do desenvolvimento interno do chamado "processo de Bolonha" e da discussão em torno das adaptações e reformulações desejáveis nos planos das licenciaturas em Direito, supomos que é pertinente apostar num tronco curricular forte, e reforçado mesmo, nas suas componentes básicas. Só dotado de uma formação nuclear vigorosa o jurista moderno vencerá com êxito os desafios da especialização, porque estes requerem o domínio daquilo que é comum e já que apenas através do respectivo conhecimento se esconjuram os perigos da fragmentarização e pulverização da aplicação do Direito num torvelinho de incertezas e injustiças relativas.

Mas pensamos que, a par disso, como seu contraponto, o ensino do Direito ganhará com uma maior aposta na diversificação das disciplinas opcionais, de modo a trazer para a Universidade aquelas necessidades de formação que, embora muitas vezes patentes, são hoje, em grande medida, satisfeitas por vias muito diversas, e demasiadas vezes alheias à Universidade. Como não lembrar, neste contexto, os programas de formação específica proporcionada por grandes escritórios de advogados, alguns de dimensão transnacional, em matérias tão díspares como a fiscalidade internacional, a "governação de sociedades", a aquisição e fusão de empresas, as falências, os derivados e outros instrumentos financeiros modernos, etc.[57]?

A Universidade, no espírito da sua melhor tradição, tem uma vocação social de serviço de que se não pode desentender. A diversificação da oferta de disciplinas opcionais representa um poderoso instrumento de realização eficaz dessa missão. Do seu cumprimento depende em boa medida que corporações profissionais várias e outras instituições se confinem aos seus fins próprios e não ousem querer retirar à Universidade a formação que, em experiência confirmada de séculos, é competência dela e só ela pode dar. A consagração de uma disciplina de especialização em responsabilidade civil afigura-se-nos, neste sentido, uma prioridade.

---

[57] Um dos reflexos mais palpáveis desta tendência encontra-se na generalização de uma "gíria jurídica", normalmente de feição anglo-saxónica, no nosso país, de que são exemplos termos como *swaps*, *corporate governance* e *mergers and aquisitions*. Não o apreciamos positivamente.

44 *Direito Civil – Responsabilidade Civil*

Acrescente-se que a autonomização desta cadeira permite responder ao crescimento acentuado do estudo da responsabilidade civil nas Faculdades de Direito lusas, por isso que faculta aos estudantes do curso de licenciatura o acesso aos principais resultados de uma produção doutrinária intensa e prestigiante para o desenvolvimento ou afirmação do espaço jurídico português num mundo cientificamente cada vez mais globalizado.

A título exemplificativo, e para nomear apenas alguns autores e marcos recentes na literatura jurídica pátria, recorde-se Sinde Monteiro que, com o tratamento da actualíssima problemática da responsabilidade por conselhos, recomendações e informações, revisita e aprofunda noções fundamentais do sistema de responsabilidade, nomeadamente da aquiliana[58]. Mencione-se também Pinto Monteiro e o seu contributo para a compreensão dos regimes convencionais de responsabilidade civil, sobretudo contratual, através do estudo, quer das cláusulas limitativas e de exclusão de responsabilidade civil, quer da cláusula penal[59]. A Calvão da Silva deve-se, por sua vez, entre nós, o desbravar da problemática crucial da responsabilidade do produtor[60]. Já Brandão Proença esclareceu a relativamente mais olvidada, mas não menos central temática da culpa do lesado no contexto da imputação do dano extracontratual[61].

Por outro lado, são de assinalar relevantes obras jurídicas que, conquanto se não esgotem no tratamento de temas de imputação de danos, contudo os destacam e privilegiam. Assim, o contributo de Miguel Teixeira de Sousa para o estudo da problemática identificada como do concurso de títulos de aquisição da prestação dedica natural atenção ao concurso de responsabilidades[62]. Sublinhe-se finalmente a monografia de Menezes Cordeiro votada à responsabilidade dos administradores, onde uma extensa análise de diversos temas centrais de direito das socie-

---

[58] Cfr., do autor, *Responsabilidade por Conselhos, Recomendações ou Informações*, Coimbra, 1989.

[59] Cfr., do autor, *Cláusulas Limitativas e de Exclusão da Responsabilidade Civil*, Coimbra, 1985, e *Cláusula Penal e Indemnização*, Coimbra, 1990.

[60] Cfr., do autor, *A Responsabilidade Civil do Produtor*, Coimbra, 1990.

[61] *A Conduta do Lesado como Pressuposto e Critério de Imputação do Dano Extracontratual*, Coimbra, 1997.

[62] Cfr., do autor, *O Concurso de Títulos de Aquisição da Prestação/Estudo sobre a dogmática da pretensão e do concurso de pretensões*, Coimbra, 1988.

Cap. I – A Responsabilidade Civil no Ensino do Direito

dades é levada a cabo em ordem a um tema actual do direito da imputação dos danos, colocado com amplitude e, em vários pontos, com intenção reformuladora[63].

Este rico e variado panorama representa, a nosso ver, um sinal iniludível de uma qualificada dinâmica da doutrina portuguesa enxertada em tradição prestigiadíssima onde avultam nomes como os de Pereira Coelho[64], Gomes da Silva[65], Pessoa Jorge[66] e Baptista Machado[67]. O panorama das incontáveis dissertações de mestrado que se ocupam, a título principal ou secundário, da responsabilidade civil confirma-o com meridiana clareza.

Ora, uma forma por excelência de fazer justiça a esta tradição repetidamente enriquecida, e, aliás, nos nossos dias reforçada[68], é precisamente a consagração nos planos de estudos universitários de uma disciplina de Responsabilidade Civil que acolhendo-a, a honre, e desenvolvendo-a, a perpetue.

À luz das considerações precedentes se devem pois ler as rubricas e os conteúdos programáticos a seguir sugeridos. Eles espelham-nas em grande medida e, noutra vertente, proporcionam um quadro apto para as realizar.

---

[63] Cfr., do autor, *Da Responsabilidade Civil dos Administradores das Sociedades Comerciais*, Lisboa, 1996.

[64] Cfr., do autor, em especial, *O Nexo de Causalidade na Responsabilidade Civil*, BFDUC Supl. IX (1951), 65 ss, e *O Problema da Causa Virtual na Responsabillidade Civil*, Coimbra, 1956.

[65] Cfr., do autor, *O Dever de Prestar e o Dever de Indemnizar*, Lisboa, 1944.

[66] Cfr., do autor, *Ensaio sobre os Pressupostos da Responsabilidade Civil*, Coimbra, 1999 (reimpr.).

[67] Cfr., por exemplo, as reflexões do autor em *Risco contratual e mora do credor*, in Obra Dispersa, I, Braga, 1991, 257 ss, e em *A cláusula do razoável*, in Obra Dispersa, I, Braga, 1991, 457 ss.

[68] Autores mais recentes versaram, em dissertações de doutoramento, matérias de responsabilidade civil. Lembre-se DÁRIO MOURA VICENTE, *Da Responsabilidade Pré-Contratual em Direito Internacional Privado*, Coimbra, 2001, EDUARDO SANTOS JÚNIOR, *Da Responsabilidade Civil de Terceiro por Lesão do Crédito*, Coimbra, 2003, e JOÃO ÁLVARO DIAS, *O Dano Corporal*, Coimbra, 2001. A área conexa da fiança foi por sua vez tratada por JANUÁRIO GOMES, *Assunção Fidejussória de Dívida – Sobre o sentido e o âmbito da vinculação como fiador*, Coimbra, 1999.

CAPÍTULO II
O PROGRAMA E O CONTEÚDO DE "RESPONSABILIDADE CIVIL"

§ 1.º Preliminares

6. Considerações gerais

Entendemos o programa de uma disciplina como enunciação genérica e sequencial do objecto de leccionação que nela se faz. Os conteúdos correspondem, por sua vez, a um desenvolvimento das rubricas do programa.

Assim concebidos, o programa e os conteúdos da disciplina opcional de Responsabilidade Civil reflectem naturalmente as razões da respectiva introdução no plano de estudos da Faculdade de Direito. Esperar-se-á, portanto, que um e outro apontem para matérias que permitam aos alunos um conhecimento mais aprofundado de questões já versadas na Teoria Geral do Direito Civil e, sobretudo, no Direito das Obrigações. Tal como deverão, de harmonia também com o que já foi aduzido como justificação desta cadeira semestral, proporcionar uma preparação em desenvolvimentos sectoriais da imputação de danos, por natureza não abrangidos nas sobreditas disciplinas de formação básica geral.

Deste modo, parece oportuno dividir o programa – e os conteúdos a que se refere – em duas partes: uma inicial, destinada a cumprir o primeiro desiderato, a segunda, dirigida a áreas e desenvolvimentos específicos dentro da responsabilidade civil.

A Parte I poderá reproduzir evidentemente rubricas do ensino da matéria nas disciplinas do tronco obrigatório. É tanto mais natural que o faça quanto se pretender que o aprofundamento do conhecimento dos alunos a que está destinada abarque em extensão aquilo que pertence à doutrina comum da responsabilidade civil.

Mas não se torna necessário que o verse de modo completo e uniforme. Numa disciplina de formação avançada, a incidência da leccionação não tem por que ser homogénea, podendo perfeitamente variar de ano para ano, inclusivamente de acordo com as preferências do docente. Assim, é viável, por exemplo, abordar com maior detalhe as estruturas e mecanismos de imputação do dano, escolher aqui ora uma, ora outra matéria, ou, em alternativa, problemas relativos ao dano, às suas espécies mais comuns e ao seu cômputo. Tudo sem que se possam taxar as opções traçadas de incongruentes ou desequilibradas. O limite que importa assegurar – aliás, numa ponderação conjunta do ensino da doutrina comum e do que é especial – afigura-se ser apenas o do respeito pelo sentido e justificação próprios de uma disciplina que também recebe uma designação genérica e que, como tal, não tolera excessivas particularizações de matérias, sob pena de frustrar as legítimas esperanças dos alunos que nela se inscrevam.

Já quanto à Parte II propomo-nos oferecer rubricas correspondentes a desenvolvimentos específicos do direito da responsabilidade, recortados em função do sector concreto da vida a que se aplicam.

Os temas a versar nesta última parte, dada a sua enorme variedade potencial, põem problemas de escolha pelo número limitado de aulas disponíveis. As preferências do docente merecerão certamente ser atendidas. Desde logo como corolário de uma liberdade de investigar e ensinar que envolve uma autonomia de fixação de conteúdos e que é particularmente de sublinhar no seio de disciplinas opcionais. De qualquer modo, apresenta-se desejável que os temas sobre que recaia a escolha propiciem uma formação abrangente e equilibrada e se adequem, tanto quanto possível, às predilecções e expectativas dos alunos.

Isto posto, afigura-se quase redundante esclarecer que o elenco de matérias propostas para a Parte II é dado exemplificativamente e se apresenta essencialmente fungível, podendo perfeitamente ser alterado, porventura até de ano para ano, sem quebra da unidade de sentido da disciplina e da prossecução dos seus objectivos.

Por todas estas razões, a proposta de programa e conteúdos que apresentamos apenas pode reivindicar o estatuto de uma possibilidade, entre outras susceptíveis de serem consideradas, com vista a dar resposta às necessidades de uma formação complementar em responsabilidade civil no âmbito da licenciatura em Direito.

Tanto o programa, como os conteúdos que se lhe referem, são, em todo o caso, bastante extensos. O modelo de estruturação dos tempos lectivos em uso na Faculdade de Direito de Lisboa corresponde a cerca de vinte e cinco aulas teóricas por disciplina semestral, o que não consente sequer uma unidade lectiva teórica por rubrica. Cabe ao docente escolher, se o achar necessário ou oportuno, as matérias do leque apresentado que pretende leccionar.

Cap. II – O Programa e o Conteúdo de "Responsabilidade Civil"   51

Importa muito sublinhar que a nossa proposta de programa e conteúdos da Responsabilidade Civil vai pensada em articulação com o emprego do método do caso, ainda a expor. Como oportunamente se observará, este método, ao envolver o afastamento da estrita divisão funcional corrente entre aulas teóricas e práticas, possibilita uma maior progressão lectiva, permitindo responder, assim, à aludida dificuldade da extensão do programa.

Além disso, o método do caso implica o abandono de uma rígida sequenciação das matérias a que se refere o programa, introduzindo nele, necessariamente, versatilidade. Pelo que a ordem das suas rubricas, abaixo apresentada, assim como a dos conteúdos correspondentes, terá de ser acomodada às exigências concretas do ensino através desse método. Contudo, uma vez que não temos dele uma visão exclusivista e reconhecemos, mesmo, a conveniência de o utilizar coordenadamente com as usuais explicações teórico-sistemáticas da matéria, o seu seguimento não oferecerá particulares dificuldades onde este modo tradicional de leccionação seja também escolhido; o que se compreende se faça em especial nas primeiras aulas da disciplina de Responsabilidade Civil, convenientemente dedicadas à apresentação geral do direito da imputação dos danos e ao desenvolvimento de alguns aspectos marcantes da sua doutrina comum.

Já no âmbito do emprego do método do caso, o programa e os seus conteúdos tenderão a reflectir antes de mais uma configuração mental prévia das matérias a ensinar, susceptível de inspirar a elaboração dos casos (seus instrumentos) e a respectiva resolução. Este método abdica da pretensão de conferir uma paridade de relevo a todos os conhecimentos e da uniformidade no seu modo de transmissão, para se centrar nos aspectos mais marcantes do ponto de vista de uma aprendizagem eficiente. E, quanto mais complexos e propiciadores da integração de conhecimentos forem os casos de que se serve, mais imperioso se torna sublinharem-se as conexões gerais das matérias entre si.

Resta acrescentar que o ensino da disciplina de Responsabilidade Civil deve ser feito na perspectiva do direito português vigente. Contudo, mais importantes do que os pormenores de regulamentação afiguram-se ser os princípios e ideias regulativas do nosso sistema de imputação dos danos. Este acento ("principiológico") afigura-se aliás particularmente útil no actual contexto dos esforços de harmonização ou uniformização do direito da responsabilidade dentro do espaço europeu ou comunitário, que hão-de referir-se e acompanhar-se criticamente na leccionação[69]. Cremos que, independentemente da apreciação que esses esforços devam merecer, a forma metodicamente mais promissora de êxito está no aproveitamento do paradigma do "sistema móvel" da responsabilidade desenvolvido por Wilburg[70], procurando a sedimentação de consensos transnacionais em torno de um conjunto flexível de princípios e valorações básicas, susceptíveis de intensidade variável, assim como conciliáveis com especificidades ou tradições nacionais que não há razão para suprimir. Este modelo permite contrariar fragmentações de disciplina (que também são um subproduto de "directivas" desordenadas e incongruentes: "as partes europeias nadam como ilhas dentro das águas nacionais", sem unidade sistemática entre elas[71]), esbater discrepâncias superficiais, construir unidades coerentes de sentido e criar espaços de diálogo mais fáceis. Tenha-se em conta que os intentos de harmonização e uniformização do direito da imputação dos danos actualmente em curso são sempre um estímulo muito relevante para o aperfeiçoamento dos direitos nacionais. Ele não pode deixar de ser aproveitado pela ciência jurídica.

Esta é, numa visão de síntese, a "chave de leitura" do programa e dos conteúdos que se seguem.

7. (*cont.*) Opções relativas à parte dedicada à responsabilidade civil em geral e à sua articulação com a parte especial

Mas há outros aspectos que merecem ser realçados. Assim, na elaboração do programa e conteúdos da Parte I do curso depara-se como dificuldade bastante sensível a da compatibilização da necessidade de proporcionar quadros fundamentais da compreensão da responsabilidade civil com a heterogeneidade das modalidades gerais dessa responsabilidade[72], que implicam ponderações específicas e diferenciadas entre si.

---

[69] Com interesse neste contexto, embora numa perspectiva muito mais vasta, cfr. PAULO DE PITTA E CUNHA, *A Constituição Europeia/Um olhar crítico sobre o projecto*, Coimbra, 2004.

[70] Cfr. em especial *Elemente des Schadensrechts*, Marburg a.d. Lahn, 1941.

[71] A imagem é de MARCUS LUTTER, *Stand und Dynamik des europäischen Wirtschaftsrechts*, München, 1991, 24. Exemplos na linha da decantação de princípios oferecem-nos os *Unidroit Principles* e os *European Principles of Contract Law*.

[72] Não falamos da heterogeneidade dos desenvolvimentos *sectoriais* da responsabilidade civil, diferenciados segundo o sector da realidade social a que se aplicam. A eles

Cap. II – O Programa e o Conteúdo de "Responsabilidade Civil" 53

Está em jogo a discussão em torno da natureza unitária ou, pelo contrário, fragmentada da imputação dos danos. Desde logo, atenta a distinção entre a responsabilidade aquiliana e a responsabilidade obrigacional (dita também contratual), que se pode traçar do ponto de vista normativo, dogmático e cultural (e que, desde os nossos primeiros escritos, sempre nos pareceu de sublinhar[73]).

No entanto, logo a um vislumbre superficial se nota que esta divisão central, ainda que emprestando, por exemplo, à responsabilidade aquiliana um alcance amplo susceptível de abarcar a com frequência chamada "responsabilidade pelo risco"[74], sempre deixaria de fora a responsabilidade tradicionalmente referida como "por factos lícitos".

Na realidade, a classificação entre "responsabilidade civil por factos ilícito-culposos", pelo "risco" e "por factos lícitos" é, em maior ou menor medida, transversal a essa *divisio* (tal qual a distintas responsabilidades "especiais", diferenciadas pela área específica da vida social a que se reportam).

Para além disso, o estudo aprofundado da responsabilidade civil que se pretende tem evidentemente de entrar em linha de conta com a existência – ou, pelo menos, com a susceptibilidade de afirmação – de outras modalidades gerais de responsabilidade que não se enquadram na aludida dicotomia entre contrato e delito. Lembre-se apenas a responsabilidade por violação de deveres no seio de ligações especiais e a responsabilidade pela confiança.

Tudo se repercute na extrema dificuldade de organizar uma forma de explanação das bases gerais da responsabilidade civil que seja, em simultâneo, pedagogicamente capaz e materialmente abrangente. Não é sem razão que a maior parte das exposições metódicas da responsabilidade civil, muitas delas de autores de referência, se confina a uma modalidade da responsabilidade civil, normalmente à aquiliana.

---

se dedica a segunda parte do presente curso de Responsabilidade Civil. Aqueles desenvolvimentos têm em todo o caso mostrado, nos últimos tempos, a par de um enorme crescimento, uma grande descoordenação, dificultando a integração e harmonização. Claro que não vamos ao ponto de afirmar a inviabilidade de uma recondução à doutrina comum, sendo que é precisamente a aludida descoordenação que mais torna manifesta a necessidade do recurso a princípios e regras comuns e harmónicas entre si.

[73] Cfr. *Contrato e Deveres de Protecção* cit., especialmente 117 ss, 188 ss, 203 ss.

[74] No sentido dessa noção ampla, cfr. os nossos *Contrato e Deveres de Protecção* cit., *v.g.*, 203 e 203 n. 427, e *Teoria da Confiança e Responsabilidade Civil* cit., 863 n. 965.

Propõe-se, para vencer este obstáculo, a procura de uma adequação, formativamente eficiente, entre os conteúdos genéricos de uma doutrina comum da responsabilidade civil e a necessidade de ter em conta, em maior ou menor medida, a forma por que esses conteúdos se concretizam nas modalidades básicas da responsabilidade civil. Na senda deste equilíbrio, parece oportuno, mais do que a consideração individualizada, sucessiva e estanque dessas modalidades, uma transmissão de conhecimentos que se centre nos aludidos conteúdos genéricos da doutrina comum da responsabilidade, procurando, à medida em que vão sendo versados, indicar ou desenvolver o sentido particular que eles assumem quando integrados nas modalidades de responsabilidade em causa. Por esta via se poupam aliás repetições ou sobreposições várias, pelo menos parciais. Para a execução prática do critério básico enunciado, aproveitar-se-á a transversalidade, acima apontada, da ordenação da responsabilidade em torno dos factos ilícito-culposos, do risco e de factos lícitos.

Não se pode porém excluir que algumas rubricas e matérias digam mais respeito a certas modalidades do que a outras. E também se deve reconhecer a vantagem de autonomizar a abordagem de modalidades menos conhecidas, por forma a conferir-lhes sistematicidade e colmatar défices de estruturação de conhecimentos que poderiam resultar de outras estratégias de leccionação. Razões didácticas o aconselham.

Evitar-se-á, em qualquer caso, o excesso de abstracção em que certamente poderia cair uma "teoria geral" da responsabilidade civil levada a cabo com um apuro do rigor conceptual-formal. No âmbito da cadeira opcional de Responsabilidade Civil interessa mais fomentar uma sensibilidade esclarecida para as questões de imputação dos danos e a disponibilização dos utensílios dogmáticos necessários para a sua adequada resolução do que a transmissão de construções e edifícios conceptuais de absoluta esquadria lógica. Assim o determina uma salutar preocupação pedagógica.

Considerando, por outro lado, a nuclearidade prático-dogmática de que efectivamente se reveste a distinção entre a responsabilidade delitual e a contratual, até para compreender o espaço e as coordenadas de valoração das (demais) responsabilidades "não alinhadas", afigura-se criterioso alicerçar o ensino nessas duas modalidades da imputação de danos.

É contudo sabido como muitos temas de responsabilidade têm recebido o seu principal impulso de aprofundamento dogmático do lado delitual. Por isso julga-se genericamente apropriado começar por abordar as diversas questões de responsabilidade privilegiando, como modelo primário, a aquiliana.

Mas há que procurar depois o respectivo paralelo ou sucedâneo no âmbito contratual. Embora importe evitar cair-se em radicalismos no que respeita à autonomia entre si destas duas ordens de responsabilidade – e não devendo portanto também o ensino exacerbar a sua diferenciação –, uma orientação comparativa parece-nos particularmente promissora de resultados; pois no estabelecer os termos, limites e condições da transponibilidade para o domínio contratual de muitas doutrinas surgidas ou desenvolvidas no seio do delito está um filão riquíssimo para o avanço da doutrina da responsabilidade civil.

Estamos de facto persuadidos de que o cotejo entre estas duas modalidades e o perscrutar da viabilidade e fronteiras da sua integração são chaves importantes para a compreensão profunda, quer das regras especificamente aplicáveis a cada uma dessas modalidades, quer da forma e das tonalidades diversas em que normas de teor idêntico ou aproximado se concretizam, quer ainda das referências de sentido que a cada uma pertencem. No entanto, essa perspectiva comparativa é igualmente crucial para a integração e o entendimento no seu todo do direito da imputação dos danos (através da obrigação de indemnizar), indiscutivelmente complexo. Em monografia especializada demos já amplo curso a este modo de ver[75]. A abrangência da cadeira de Responsabilidade Civil permite agora desenvolver esta orientação.

Mas também a articulação entre a Parte I e a Parte II requer algumas observações. Com efeito, aquilo que pode representar um aprofundamento da doutrina comum irrompe, não raro, no contexto de responsabilidades especiais. Ao mesmo tempo, o que por vezes se sedimentou como solução específica nalgum sector particular da imputação dos danos é generalizável e corresponde, afinal, a aspectos e facetas daquela doutrina comum.

Está em causa a ligação entre o comum e o especial, variável e diversificada como é de esperar. Ora, a distinção entre estes dois aspectos não pode absolutizar-se num programa de responsabilidade civil que se queira pedagógica e científico-sistematicamente profícuo. O tratamento em separado do que se afigura comum e do que é especial, quando levado a extremos, corre o risco de fazer perigar a unidade de compreensão, quer

---

[75] Cfr. o nosso *Teoria da Confiança e Responsabilidade Civil* cit., *v.g.*, 270 ss, 287 ss.

do especial à luz do comum, quer do comum à luz do especial. Por isso, há-de entender-se como perfeitamente aceitável uma articulação móvel entre ambos os aspectos.

O seu peso relativo pode variar. Tanto é viável dar maior atenção ao comum, procurando depois concretizações que conduzem ao contacto com sectores especiais da responsabilidade, como se pode privilegiar o estudo desses sectores e, a partir daí, procurar as generalizações correspondentes a um quadro de compreensão mais vasto. Por outras palavras: tanto se apresenta como pertinente uma perspectiva que arranca do comum para o particular, como aquela que se esforça por captar o particular para aí, ou daí, visualizar o comum.

Finalizando: há evidentemente muitas formas legítimas de organizar um curso de aprofundamento da responsabilidade civil. Os instrumentos e categorias de análise "avançada" – reflectidos nas rubricas de um programa – podem ser de exigência distinta com respeito aos conhecimentos básicos pressupostos, e de alcance, interesse ou utilidade diversa consoante o tipo, sector ou objectivo do aprofundamento que se pretenda. A preocupação que norteia o presente programa, particularmente na sua parte primeira, é todavia a de facultar um acréscimo que cubra as principais necessidades de formação em responsabilidade civil. Pretende-se que ela sirva um número elevado de alunos, independentemente dos seus interesses ou curiosidades particulares.

Tudo explica que os itens do programa recordem antes de tudo sectores problemáticos nucleares da matéria, facilmente identificáveis. Evitaram-se escolhas guiadas por critérios de sugestividade superficial. Uma cadeira viabilizará conhecimentos novos, não pela originalidade da apresentação das rubricas do seu programa, mas graças aos conteúdos que se lhes faça corresponder e à eficiente estruturação de conhecimentos por ela possibilitada aos alunos.

§ 2.º O programa

8. Enunciação

Isto posto, pode sumariar-se deste modo o programa da cadeira de Responsabilidade Civil:

Parte I
DA RESPONSABILIDADE CIVIL EM GERAL

1. Dano, Direito e responsabilidade civil.
2. Unidade e diversidade na responsabilidade civil; delito e contrato; a "terceira via" e a área das responsabilidades "intermédias".
3. Situações de responsabilidade e princípios de imputação; os pressupostos da responsabilidade civil entre a simplificação e a diferenciação.
4. Funções da responsabilidade civil.
5. Fundamentos da responsabilidade civil por factos ilícito-culposos: a protecção dos direitos subjectivos, os deveres no tráfego, as disposições de protecção; o incumprimento.
6. O problema dos danos patrimoniais puros.
7. O juízo de ilicitude, a culpa e o ónus da prova.
8. A responsabilidade pelo risco.
9. A responsabilidade pelo sacrifício.
10. A responsabilidade por facto de outrem.
11. Deveres de protecção e responsabilidade civil no âmbito das ligações especiais.
12. A responsabilidade pela confiança.
13. Modalidades específicas do prejuízo e cômputo do dano.
14. A dissociação entre titularidade do interesse e da posição jurídica.
15. Formulações e problemas especiais de causalidade.
16. Pluralidade de responsáveis e beneficiários.
17. A culpa do lesado.
18. A modelação convencional da responsabilidade civil.
19. Concurso de pretensões.
20. Responsabilidade civil e *actio negatoria*.

Parte II
RESPONSABILIDADES ESPECIAIS

21. Responsabilidade legal pelo prospecto.
22. Responsabilidade médica e hospitalar.
23. Responsabilidade por danos ambientais.
24. Responsabilidade dos administradores de sociedades.
25. Responsabilidade civil do Estado.

§ 3.º O conteúdo

9. Observações prévias

De harmonia com uma *praxis* universitária legítima, cremos que o cumprimento do dever de incluir no relatório a apresentar em concurso para Professor Associado os conteúdos de uma disciplina do grupo a que esse concurso respeita visa apenas certa explicitação ou concretização do programa apresentado. Trata-se de colorir minimamente a enunciação das rubricas genéricas em que este último se pode traduzir, de modo a perfilar convenientemente, do ponto de vista da matéria a leccionar, o sentido e as orientações globais do relatório que versa a disciplina. Dispensamo-nos portanto de uma apresentação completa e integral dos itens a versar nas aulas: relatórios deste tipo não têm de incluir "Sumários" e, muito menos, "Lições" (integrais) da disciplina escolhida[76].

A apresentação dos conteúdos não precisa de ser homogénea. Como também tem sido entendido, ela pode ter carácter fragmentário e descontínuo, e assumir mesmo, em qualquer caso, a natureza de tópicos. De facto, a uniformidade do desenvolvimento dos conteúdos, tal como a completude, não se afigura necessária para dar conta das principais orientações

---

[76] A propósito do entendimento desta exigência, focando sobretudo o problema da articulação entre o programa e o conteúdo, pode ver-se FAUSTO DE QUADROS, *Direito Internacional Público I – Programa, Conteúdos e Métodos de Ensino*, RFDUL, XXXII (1991), 407-408.

Uma notícia das controvérsias aqui existentes foi dada recentemente por RUI PINTO DUARTE, *O Ensino dos Direitos Reais (Propostas e elementos de trabalho)*, Lisboa, 2004, 9-11.

Cap. II – O Programa e o Conteúdo de "Responsabilidade Civil"   59

e motivações que subjazem a um relatório sobre certa disciplina. O que importa é que se toquem pontos fulcrais que permitam explicar e exemplificar as opções de fundo a esse propósito tomadas.

Dentro deste entendimento vai de seguida iniciar-se um *tour d'horizon* pelo programa enunciado: dando conta, em amostragem exemplificativa, de alguns dos desenvolvimentos que o justificam, assim como a disciplina a que se refere.

Na medida do possível, evitar-se-á reincidir em temas sobre os quais já escrevemos. Muitas das ideias que temos para preencher um curso aprofundado de responsabilidade civil encontram-se suficientemente vertidas em escritos da nossa autoria, onde podem comodamente ser encontradas[77]. Sem prejuízo de uma ou outra remissão, não haverá portanto a preocupação de as recordar, sabido embora que elas representam, para nós, pilares importantes de sustentação da presente disciplina.

Pensamos que é mais profícuo e adequado na presente ocasião alargar a perspectiva a outras matérias por onde cresce e se desenvolve o direito moderno da responsabilidade civil. Ao mesmo tempo, escusar--nos-emos também de reiterações do que foi exposto em relatórios congéneres que versaram a matéria da responsabilidade civil[78].

De qualquer modo, convém recordar que a leccionação destes conteúdos é pensada em articulação com o método do caso – ainda a expor –, que propugnamos, embora sem exclusivismo, para esta disciplina opcional de Responsabilidade Civil. Já se sabe que a sua índole é dificilmente compatível com a manutenção de uma sequenciação rigorosa das matérias a versar. O que, aliás, o carácter da cadeira como de aprofundamento e desenvolvimento também não requer. Apesar disso, pensamos que, a preceder a utilização desse método, deve ter lugar uma introdução à responsabilidade civil e a apresentação genérica das linhas de força dos conteúdos a versar, na qual se deverão incluir matérias correspondentes aos primeiros pontos do programa.

---

[77] Por último em *Teoria da Confiança e Responsabilidade Civil* cit., *passim*.

[78] Referimo-nos especificamente ao *Relatório sobre o programa, conteúdo e métodos de uma disciplina de responsabilidade civil (curso de mestrado)*, policop., da autoria de Sinde Monteiro. Este relatório do ilustre Professor de Coimbra aborda e actualiza com notável interesse várias matérias da doutrina geral da responsabilidade civil que, abrangidas sobretudo pela Parte I do presente programa, assumimos, ao menos em grande medida, e que, por isso e pelo que vai dito em texto, nos podemos poupar a referenciar com mais pormenor neste relatório.

60 · Direito Civil – Responsabilidade Civil

A) *Da Responsabilidade Civil em Geral*

10. Dano, Direito e responsabilidade civil

Uma introdução ao estudo da responsabilidade civil deve começar por situar juridicamente o problema social do dano e da sua imputação através da obrigação de indemnizar. Trata-se de proporcionar um enquadramento genérico do objecto da disciplina, evidenciando as coordenadas da responsabilidade civil dentro do sistema jurídico no seu conjunto. Busca-se sempre um conhecimento mais aprofundado do que o veiculado pela iniciação na responsabilidade civil feita pelas disciplinas do tronco comum, que se reduz, por vezes, ao apontar da sua inserção no plano das formas de constituição das obrigações e a uma análise da estruturação das respectivas fontes legais.

Cabe à ordem jurídica estabilizar expectativas e tutelar condicionantes, envolvimentos e relações da existência humana, protegendo-a de contingências por vezes muito perturbadoras. Nessa sua missão geral – que desempenha de múltiplas formas, a explicitar na docência –, compete-lhe também distribuir os diversos riscos de danos e definir os termos em que alguém é convocado a suportar um prejuízo sofrido por outrem (mediante a indemnização).

Através da responsabilidade civil tutela-se ou promove-se a institucionalização de uma certa ordenação de bens pelo Direito, pelo que as normas reguladoras da imputação dos danos são, sob este ponto de vista, regras secundárias (ou de tutela) com respeito àquelas que, explícita ou implicitamente, compõem e definem essa ordenação de bens (as normas ordenadoras ou primárias são um *prius* em relação àquelas).

A responsabilidade civil representa um desvio à velha máxima do *casum sentit dominus*. As justificações desta não deverão ser ignoradas, tanto considerando a liberdade e auto-responsabilidade dos sujeitos, além da igualdade nessa condição, como ainda a praticabilidade. No entanto, a justiça correctiva e a distributiva impõem-lhe limitações, que a necessidade de segurança e a estabilidade de vida de cada um logo revelam. Todo o dinamismo evolutivo da responsabilidade civil ao longo dos tempos reflecte a tensão entre estes vectores.

É todavia metodologicamente pouco produtivo apresentar a obrigação de indemnizar como excepção a um princípio com o conteúdo daquele brocardo. Na verdade, são tantas e tão variadas as situações de responsabilidade civil, é tão versátil e aberta a evolução que se confirma e prevê para este sector do ordenamento, por natureza muito sensível a modificações, quer das condições sociais, quer das mentalidades, que o apelo a tal princípio se esgota, na prática, em recordar que a imposição a alguém de uma obrigação de indemnizar requer sempre uma fundamentação a encontrar de forma metodologicamente legítima.

São, por outro lado, insuficientes critérios de grande amplitude, como o do *neminem laedere*, para fundamentar a obrigação de indemnizar e amparar genericamente os desvios à sobredita regra. Na verdade, o direito da responsabilidade civil apresenta-se hoje enquanto resultado de um conjunto vasto e crescentemente diferenciado de normas e princípios.

A sua questão fulcral é, em todo o caso, a de saber quando e em que termos alguém deve indemnizar um dano sofrido por outrem. Hão-de dar-se exemplos correntes que não permitam um juízo imediato e inequívoco de responsabilidade, por forma a demonstrar a sua dificuldade e interesse. Por isso, na leccionação da responsabilidade civil deve sublinhar-se que as situações de responsabilidade e os princípios de imputação são um eixo fundamental deste sector do ordenamento: as primeiras porque, entre a massa de acontecimentos danosos que são irrelevantes para o Direito, representam o núcleo fáctico-típico que justifica (em abstracto) "uma" indemnização; os segundos na medida em que estabelecem a conexão de um dano com alguém (por isso chamado a indemnizá-lo), desse modo se procedendo à determinação do responsável.

São de exemplificar, a título introdutório, algumas situações (típicas) de responsabilidade e princípios de imputação; sem excesso de analitismo – porque situações de responsabilidade e princípios de imputação carecem seguramente de ser compreendidos correlativamente, de forma harmonizada –, haverá em todo o caso que alertar para a articulação variada que entre ambos se pode estabelecer (sirva de exemplo, entre muitos outros, o proporcionado pelo art. 339 n.º 2, em que uma mesma situação de responsabilidade se combina com vários títulos de imputação).

Esta abordagem é provavelmente mais profícua – porque mais especificadora – do que a apresentação sintética de alguns princípios gerais de responsabilidade civil (da culpa, do risco, do sacrifício, da prevenção dos danos, da responsabilidade pelas pessoas que pertencem ao próprio "círculo de vida", etc.). Embora possível e legítima, essa perspectiva não pode iludir que todo o princípio carece, para se tornar operativo, de se verter numa dupla dimensão: na das situações de responsabilidade e na das formas de imputação.

11. Unidade e diversidade na responsabilidade civil; delito e contrato; a "terceira via" e a área das responsabilidades "não alinhadas"

Importa depois oferecer uma panorâmica em extensão do direito da responsabilidade civil existente, introduzindo o conhecimento das modalidades principais em que ela se pode estruturar e, por outro lado, apresentar preliminarmente o problema da unidade *vs.* diversidade do direito da imputação dos danos, verdadeira questão prévia da arrumação de matérias para efeito da leccionação (subsequente).

Entre as várias distinções que nesta sede urge fazer, apresenta-se proveitosa a diferenciação entre responsabilidade civil por factos ilícitos, pelo risco e por actos lícitos (ou pelo sacrifício). Sublinhar-se-á, em todo o caso, aquela que, cruzando-se com a anterior, ocorre entre a responsabilidade delitual e obrigacional. São estas duas modalidades que podem discriminar-se, não tanto em virtude da fonte ou das funções genéricas atribuídas à responsabilidade (no seu conjunto), quanto por obedecerem a paradigmas diferentes, terem teleologias distintas e serem permeáveis, por conseguinte, a valorações e respostas normativas na realidade não inteiramente coincidentes. Embora com assento legal entre nós, a discriminação parece superar contingências históricas e particularidades de cada espaço jurídico. O atentar nas especificidades respectivas representa, como se disse, uma linha muito promissora para o avanço do conhecimento da responsabilidade civil no seu conjunto.

De particular relevância é, em todo o caso, perante o crescimento exponencial do direito da responsabilidade civil nos nossos dias, a comprovação de uma certa diluição das fronteiras entre ambas as modalidades, as constantes interferências entre o delito e o contrato, assim como o aparecimento de imputações de danos que parecem (poder) reivindicar autonomia em relação a esses termos de referência.

Esta área problemática, correspondente às responsabilidades "intermédias" ou "não alinhadas", pode identificar-se genericamente, a título propedêutico, como a da "terceira via" da responsabilidade. Para ilustrar a heterogeneidade de espécies que nela se albergam poderão desenvolver-se, além da *culpa in contrahendo* ou de algumas espécies agrupadas habitualmente no cumprimento defeituoso do contrato, por exemplo, a questão da responsabilidade de terceiros por violação do crédito, o contrato com eficácia de protecção para, ou contra, terceiros, e, ainda, a responsabilidade pela confiança. Neste âmbito se situam alguns dos mais modernos desenvolvimentos do direito da responsabilidade, convindo por isso prestar-lhes a maior atenção.

Isto posto, a questão da unidade da responsabilidade civil deve ser encarada como relativa. Salvaguardadas, na sua diversidade, as soluções juridicamente correctas, a resposta que figurativamente se poderia dar é a de que responsabilidade obrigacional e aquiliana são como peras e maçãs: diferentes, mas similares (não vale a pena indispor quem pense que são antes similares, embora diferentes, mas deplorar tão-só que não se lhes distinga o sabor). E ainda: responsabilidade delitual e obrigacional são como queijo e bolachas, complementam-se[79]. Por isso, a disciplina opcional de Responsabilidade Civil especifica e une, em simultâneo.

12. Situações de responsabilidade e formas de imputação; os pressupostos da responsabilidade civil entre a simplificação e a diferenciação

Na posse de algumas estruturações básicas da matéria, há que recordar a centralidade do estudo das situações de responsabilidade e das formas de imputação. Se a sua diversidade é manifesta, os tipos combinatórios básicos que entre elas se podem estabelecer permitem identificar e diferenciar adequadamente os principais sectores da responsabilidade civil a que atrás se aludiu.

Ora, consoante as situações e os princípios de imputação, assim os pressupostos da responsabilidade. Não é portanto viável a apresentação de um elenco de pressupostos muito discriminado, capaz de aplicar-se a todas as modalidades da responsabilidade civil.

A enumeração corrente, por exemplo, de facto, ilicitude, culpa, nexo causal e dano só colhe para a responsabilidade civil por factos ilícito--culposos. Mas também não é caso de nos sentirmos confinados a enunciações tão sintéticas quanto aquela que identifica como requisitos genéricos desta tão-só o dano e a imputação[80] (deixando a este último termo um sentido integrador de realidades muito distintas).

---

[79] Cfr. o nosso *Teoria da Confiança e Responsabilidade Civil* cit., 271 n. 249 (quanto à origem deste tipo de expressões, FRANCESCO D. BUSNELLI/SALVATORE PATTI, *Danno e Responsabilità Civile*, Torino, 1997, 225 n. 30).

[80] Cfr. a proposta – evidentemente, válida – de MENEZES CORDEIRO, *Direito das Obrigações* cit., II, 280-282, numa linha continuada em *Tratado* cit., I/1, 274-276.

64 *Direito Civil – Responsabilidade Civil*

Supomos que, compreendendo a natural tensão entre a simplificação e a diferenciação que qualquer apresentação dos pressupostos da responsabilidade permite experimentar, se podem identificar como seus requisitos genéricos uma situação de responsabilidade, uma forma de imputação, um dano e um nexo de causalidade entre aquelas e este. A determinação da modalidade da responsabilidade está essencialmente dependente da configuração dos dois primeiros.

13. Sobre as funções da responsabilidade civil

Segue-se o estudo das funções gerais da responsabilidade civil. Ele permite surpreender alguns traços característicos do seu regime, ao mesmo tempo que apercebermo-nos de algumas coordenadas do seu dinamismo evolutivo.

A mais importante dessas funções é a ressarcitória, destinada a eliminar um dano, ora mediante a restauração natural, ora através de um equivalente indemnizatório, ora, nos danos não patrimoniais, por via (*stricto sensu*) compensatória.

Deve, em todo o caso, dar-se especial atenção à função de prevenção, que aflora em algumas soluções legais e que se predica essencialmente da responsabilidade civil por infracção de regras de agir. Para além desta, é objecto de discussão o alcance e o sentido de uma função retributiva, ligada também à violação de *regulae agendi*. Sobretudo em articulação com o mecanismo do seguro, há que ponderar igualmente uma função social (re)distributiva.

As funções interagem. O modo como elas se configurem e harmonizem tem directo impacto na determinação do *quantum* indemnizatório.

A articulação da função preventiva com a finalidade ressarcitória, na incerteza que a respeito revelam algumas espécies, é um ponto muito sensível da responsabilidade civil por factos ilícitos. Repercute-se por exemplo imediatamente na disciplina do contrato de seguro, pois a transferibilidade da indemnização para as seguradoras esbate ou dilui a eficácia preventiva da responsabilidade. Na responsabilidade pelo risco e pelo sacrifício, pelo contrário, o relevo da função preventiva apaga-se, porque nestas responsabilidades não está em causa uma reacção a um incorrecto direccionamento do comportamento de alguém, mas a eliminação de um dano simplesmente atribuível a um risco ou a defesa de um património mediante a compensação de um sacrifício (lícito) de certo bem que é imposto.

A visão tradicional aponta para uma secundarização da função preventiva em relação à ressarcitória, não podendo suplantá-la e movendo-se, por conseguinte, dentro dos limites (máximos) que esta última consente. No entanto, dentro de um entendimento da responsabilidade civil como instituto dirigido à protecção dos bens atribuídos pelo Direito, não se pode justificar axiomaticamente a restrição da indemnização ao espaço consentido pela finalidade reparatória. Essa finalidade tem de coordenar-se, afinal, com outros objectivos da ordem jurídica como sejam o respeito efectivo da liberdade individual, o funcionamento do mercado, etc. As consequências jurídicas moldar-se-ão em conformidade. Será uma tutela adequada dos bens a determinar as consequências jurídicas, quer nos seus pressupostos, quer no seu conteúdo (quanto ao montante indemnizatório).

Verdade seja que a finalidade preventiva não chega por si para justificar a indemnização, já que o risco de perigo ou a ameaça de um direito não desencadeia por si essa obrigação. Daí que a dimensão preventiva da responsabilidade civil se subordine (para efeitos indemnizatórios) aos requisitos gerais da responsabilidade civil. No entanto, a autonomização dessa função geral com respeito à ressarcitória permite o desenvolvimento da tutela que a responsabilidade civil proporciona no sentido da admissibilidade genérica – muito para além das acções possessórias (ou de meios de tutela específicos análogos) – de pretensões destinadas a evitar o dano antes que ele ocorra (por exemplo, removendo uma fonte de perigo), perante a simples ameaça de lesão de uma posição ou interesse juridicamente protegido. Teremos então acções de inibição, intimações de abstenção ou, ainda, tomando pretexto da sua origem na *actio negatoria* romana, acções negatórias[81].

A consideração das funções da responsabilidade civil deve naturalmente colocar ainda o problema da função punitiva (muito discutida sobretudo no espaço jurídico norte-americano), apesar de fronteiras inseguras em relação à função preventiva. Toca-se aqui, certamente, a arti-

---

[81] A terminologia ainda não se fixou. Sobre estas pretensões, cfr. PAULA COSTA E SILVA, *Meios de reacção civil à concorrência desleal*, in *Concorrência Desleal* (autores vários), Coimbra, 1997, 99 ss.

culação da responsabilidade civil com a penal. Mas existe também um espaço de contacto privilegiado com a dimensão ético-jurídica das regras de agir sancionadas com a responsabilidade civil (pondo-se a questão da sua autonomizabilidade de uma "comedida" vertente "retributiva", inerente à imputação por culpa).

Se no campo regido pela autonomia privada as penas civis são amplamente admitidas – recorde-se a cláusula penal –, embora sujeitas a controlos e limitações importantes, não pode dizer-se que, fora dele, estas penas sejam estranhas ao direito positivo. A lei impõe e fixa uma indemnização punitiva, entre outros, nos arts. 1041 n.º 1 ou 1320 n.º 2. Outras vezes, habilita o juiz a arbitrá-la e fixá-la, como no art. 829-A ou no art. 1276, para nos cingirmos ao Código Civil. A questão está em saber se fora destas previsões específicas pode haver lugar a uma indemnização que suplante, por razões punitivas, o dano efectivamente sofrido. Algumas normas de grande amplitude de concretização, como as dos arts. 494 ou 496, não permitem ilações seguras a respeito (a primeira porque conduz a uma mera atenuação da indemnização, a segunda porque a remissão que envolve – no seu n.º 3 – para os critérios de fixação da indemnização previstos no art. 494 não pode ser tida como concludente quanto à aceitação de uma função punitiva, senão em *petitio principii*). Requere-se também destrinçar o domínio contratual do delitual.

Este problema complica-se contudo se se tiver em conta que os preceitos primeiramente citados desempenham uma iniludível função preventiva de futuras violações. Por outro lado, importa bem destrinçar entre o estabelecimento de uma punição e a mera fixação "forfaitária" ou abstracta de um dano, em que se prescinde da demonstração do prejuízo concreto ou do seu montante – por vezes extremamente difícil –, muito embora se pressuponha ou presuma a sua ocorrência efectiva (e se admita, portanto, prova em contrário).

Em tese, parece que só haverá motivo para uma rejeição liminar de indemnizações punitivas dentro do pressuposto de que o fim da norma cuja infracção é sancionada com a indemnização se esgota em permitir ou desencadear a função reparatória da responsabilidade. Assim colocado o problema, a afirmação da inconciliabilidade destas indemnizações com a responsabilidade civil carece de ser cuidadosamente apurada, sob pena de se pressupor (em circuito lógico fechado) o *quoad erat demonstrandum*.

A perspectiva, acima referida, de que a responsabilidade civil se encontra ao serviço da protecção dos bens em geral, desejavelmente eficiente, abre-lhes espaço. Sobretudo quando o impacto danoso da acção ilícita nas esferas individuais é ínfimo ou inexistente – pense-se na tutela de certos interesses colectivos ou difusos – e se verifica que tais interesses se revelam insuficientemente acautelados, quer pelo direito penal, quer, por exemplo, por mecanismos não individuais de defesa (*v.g.*, atribuindo a associações representativas de tais interesses legitimidade para a sua defesa), urgindo por isso reforçar a sua protecção. No entanto, o reconhecimento de uma função punitiva pode ser abrir uma caixa de Pandora. Deste modo, ele só deveria discutir-se dentro de pressupostos e termos devidamente definidos: uma função punitiva é, à partida, estranha ao direito positivo português (cfr. o teor do art. 483 n.º 1 e do art. 798).

Na verdade, outras objecções de relevo se podem erguer ao arbitramento de indemnizações punitivas. Entre elas, o facto de estas consubstanciarem uma reacção *ex post* e – na medida em que remetidas, também no respectivo montante, para o arbítrio judicial – largamente imprevisível, com prejuízo da eficácia preventiva, assim como o de poderem desencadear uma litigiosidade desenfreada.

Observe-se, por outro lado, que a sensível tarefa de eliminar o lucro obtido pelo autor de um facto ilícito cabe já, em princípio, ao enriquecimento sem causa, pese embora o pensamento da prevenção possa corroborar também a necessidade dessa eliminação em sede de responsabilidade civil. A distinção entre os dois institutos será nalguns casos melindrosa de estabelecer, mas importa respeitá-la: observe-se que a remoção do lucro não apresenta nenhuma conexão intrínseca de significado com o pensamento da prevenção em sede de responsabilidade por danos. Estando em jogo a interferência do autor da lesão em direitos que confiram um espaço reservado de actuação ao respectivo titular (direitos de exclusividade), a teoria do conteúdo da destinação (*Zuweisungsgehalt*) encarregar-se-á de justificar, segundo os princípios do enriquecimento sem causa (sem esquecer aqui o regime da gestão imprópria de negócios), a obrigação de restituir os lucros obtidos com a lesão.

Mas há obstáculos a ter em conta. Na hipótese, por exemplo, de proveitos obtidos por uma revista com a difamação de alguém, a doutrina do conteúdo da destinação apresenta algumas dificuldades pela razão de que não se está, evidentemente, perante o aproveitamento de utilidades de um bem reservadas ao titular e que deste tenham sido desviadas. Aqui parece que a restituição do lucro poderá basear-se na ideia, persuasiva e simples de formular, mas não fácil de integrar numa dogmática simplificadora do enriquecimento sem causa, de que a ninguém deve ser per-

68 *Direito Civil – Responsabilidade Civil*

mitido guardar para si o proveito de um facto ilícito que tenha praticado. De qualquer modo, afigura-se que esta obrigação de restituir os lucros depende da culpa – do tipo de culpa –, sendo plausível em caso de dolo. O que nos coloca diante de funções preventivas e punitivas do próprio enriquecimento sem causa.

14. (*cont.*) Acerca da função preventiva e punitiva na responsabilidade contratual

Conclui-se portanto que a discussão em torno das finalidades punitiva e preventiva da responsabilidade civil traz à ribalta a importante questão (geral) da fronteira entre ela própria e o enriquecimento sem causa. Mas alargue-se um pouco mais a reflexão, centrando-a agora no campo da responsabilidade contratual e pergunte-se se e em que termos pode através desta proceder-se à ablação do lucro obtido com o inadimplemento. A questão consente ser colocada visando o devedor, mas do mesmo modo o terceiro que tenha induzido o devedor ao inadimplemento, porventura para celebrar com ele um outro contrato, incompatível com o primeiro, embora vantajoso para si.

Ela reflecte também a discussão teórica em torno do chamado *efficient breach* do contrato. De acordo com uma perspectiva enfeudada à "análise económica do direito", a ordem jurídica não deveria reagir por essa via – da remoção do lucro – ao rompimento de contratos ou à respectiva indução por terceiros interessados em ocupar eles próprios o lugar de contraentes do devedor, na medida em que a "mobilidade" do devedor poderia contribuir para uma melhor alocação dos recursos. Em suma, o incumprimento deste poderia ser eficiente do ponto de vista do incremento dos níveis da satisfação social global perante os recursos existentes (sempre escassos). Para o credor seria suficiente a tutela indemnizatória conferida pela lei em caso de não cumprimento, reparando-se-lhe os prejuízos sofridos mas não se lhe concedendo direito aos lucros realizados, quer pelo devedor, quer por terceiro.

Este tema constitui até certo ponto uma versão moderníssima da problemática da eficácia externa das obrigações, normalmente vista do prisma comum da responsabilidade de terceiro pela diferença patrimonial infringida ao credor através da violação do crédito. No campo da interferência em direitos reais ou noutros direitos de exclusivo análogos, o enriquecimento sem causa pode operar sem dificuldade via teoria do conteúdo de destinação. Mas *quid iuris* nos direitos meramente creditícios, em que o credor apenas tem direito a uma conduta do devedor, e a que não corresponde uma afectação (com eficácia *erga omnes*) de um bem (que por todos deva ser respeitada)? Quando um direito é meramente relativo (tendo por co-respectivo o dever de realizar uma prestação e não se concebendo senão como tal), em que condições é possível a restituição de lucros? Teremos porventura de reconhecer a insuficiência da doutrina do *Zuweisungsgehalt*, procurando encontrar a solução no pensamento acima lembrado de que a ninguém deve ser consentido retirar proveito do próprio ilícito? Não será esta última doutrina insuficiente em todo o caso para vincular um terceiro à restituição dos lucros obtidos com o inadimplemento que provocou, sabido que o crédito é relativo e só tem eficácia perante o devedor?

Enunciadas algumas questões sensíveis, parece que a negação da restituição dos lucros não deverá apoiar-se na doutrina da quebra eficiente do contrato, que se opõe a uma oneração desse tipo do devedor inadimplente; o credor – recorde-se – estaria suficientemente protegido pela acção de indemnização por perdas e danos e, por isso, se um devedor se dispusesse a ressarcir os prejuízos do seu não cumprimento não deveria ser dissuadido de violar o contrato (caso tal fosse eficiente, por obter com isso lucros superiores).

De facto, essa doutrina ofende categoricamente o art. 406 (princípio do pontual cumprimento do contrato). Admitir uma excepção a esse princípio em nome de uma eficiente afectação dos recursos não parece possível *de lege lata*. O espaço para uma realocação dos recursos segundo critérios de eficiência económica apenas existe dentro do quadro normativo legal e no respeito dos seus limites. Nenhum incumprimento é, em si, legitimado. Não existe fungibilidade entre cumprimento e indemnização: a obrigação não contém nenhuma faculdade alternativa desse tipo, como se o cumprimento deixasse de ser devido desde que o devedor pagasse os prejuízos, e como se a obrigação se concebesse à partida, a requerimento do devedor, enquanto alternativa (entre a prestação acordada e o seu sucedâneo indemnizatório).

Assim, a referida reafectação dos recursos só é permitida dentro dos cânones legalmente estabelecidos. Não fundamenta nenhuma nova causa de exoneração do dever de cumprir ou de resolução do contrato pelo devedor. No nosso sistema, vinculações excessivamente longas são, de resto, à partida controláveis e susceptíveis de merecer proibição. Quanto às relações de duração indeterminada, elas são via de regra denunciáveis

70   *Direito Civil – Responsabilidade Civil*

a todo o tempo (sem prejuízo da indemnização do dano dito de confiança que no caso exista). Por outro lado, a consagração, entre outros, da sanção pecuniária compulsória demonstra o interesse da ordem jurídica no pontual cumprimento das obrigações, sem abrir espaço de relevância a considerações de eficiência.

Rejeitada esta concepção, prejudicada fica também a negação, com fundamento nela, da obrigação de restituir os lucros do inadimplemento. Continua portanto colocada a questão de saber se ela é de aceitar e, nos casos em que ela seja sufragável, de que forma resolvê-la, se através do enriquecimento sem causa, se pelo arbitramento de uma indemnização punitiva.

No campo das relações entre credor e devedor a função preventiva e punitiva têm incidência distinta da que apresentam no direito da responsabilidade aquiliana. À partida, o credor apenas tem direito à prestação. A margem para aceitar que o credor possa exigir a restituição dos lucros que advieram para o devedor do inadimplemento é estreita, ainda que travestida de indemnização punitiva; porventura confinada apenas a determinados casos de grave censurabilidade da conduta deste último na execução de "negócios de confiança", mediante os quais alguém, em confiança, prossegue interesses alheios ou detém bens por conta de outrem[82]. E de facto, na *common law*, quando alguém beneficia de ter abusado de uma relação fiduciária que o vinculava (por exemplo, porque usou bens de outrem detidos ao abrigo de uma relação de *trust*), o lucro pertence, segundo parece, ao principal[83].

Mas será possível alargar o campo de aplicação deste pensamento? Certo que comportamentos oportunísticos (ou, mesmo, cínicos) do devedor não são ordinariamente bem-vistos, pelo que é de contar com que, mesmo sem aceitar abertamente a remoção dos lucros, os tribunais procurarão nesses casos extirpar, através da indemnização, o autor da violação contratual dos lucros obtidos, se necessário inventando para o efeito todo o tipo de danos. Mas pensamos que o enriquecimento sem causa é, à partida, a sede dogmática da resolução deste problema.

Não deve todavia menosprezar-se o alcance da via indemnizatória. São por exemplo ressarcíveis o tempo e dinheiro gastos pelo credor para

---

[82] Cfr. a propósito o nosso *Teoria da Confiança e Responsabilidade Civil* cit., 558 s.

[83] Cfr. Gareth Jones, *Must the party in breach account for profits from his breach of contract?*, in FS für Peter Schlechtriem, Tübingen, 2003, 763 ss.

Cap. II – O Programa e o Conteúdo de "Responsabilidade Civil"   71

mitigar os seus prejuízos. E também é compensável o dano consistente na perda da oportunidade de um negócio alternativo (porventura mais lucrativo) que o credor poderia ter celebrado se tivesse sabido antecipadamente que o contrato iria ser violado: esse prejuízo integra o que em linguagem conhecida se chama o interesse contratual negativo.

Mas aqui mantemo-nos ainda no campo da indemnização. E aí se permanece enquanto se tratar de ressarcir o credor dos danos efectivamente sofridos, ainda que o tribunal aceite os lucros do devedor como índice ou critério de avaliação dos danos infringidos ao credor (por vezes difíceis de estimar em concreto por outros meios).

Para além disto, conceder ou não uma indemnização correspondente aos ganhos obtidos depende do grau de empenhamento da ordem jurídica em relação a comportamentos oportunísticos de violação do contrato.

Saber quando o tribunal deve conceder ao credor os benefícios obtidos pelo devedor é difícil. Essa hipótese é especialmente de ponderar quando a acção de cumprimento, ou providências cautelares destinadas a impedir o inadimplemento, não puderam ser intentadas e a indemnização pela violação do contrato não se apresenta suficiente ou adequada porque o credor tem um interesse legítimo em evitar que o devedor relapso desenvolva uma actividade lucrativa com base no incumprimento. Sobretudo, cremos que importa averiguar o tipo de censurabilidade em que incorre o devedor (considerando também o género de relação em causa).

Exemplifique-se com o caso inglês "House of the Lords in Attorney-General *vs.* Blake"[84]. Ele versou sobre a conduta de um ex-agente dos serviços secretos britânicos que, contra a confidencialidade a que se comprometera aquando da sua entrada para aqueles serviços, publicou, terminada a relação, um livro sobre a sua experiência nessas funções.

Com a ocorrência, a Coroa britânica não sofreu prejuízos mensuráveis. Pelo contrário, Blake recebeu proveitos identificáveis e substanciais. Como logo se pode observar, o facto de não ser fácil medir os danos sofridos por uma das partes em comparação com o lucro obtido pela outra é susceptível de ser relevante na escolha do fundamento da acção: enriquecimento sem causa em vez de responsabilidade.

Por outro lado, naquela situação o livro tinha sido posto à venda e a violação do interesse da Coroa estava consumada. A possibilidade de uma providência cautelar, ou o reconhecimento, em geral, de uma acção

---

[84] *Apud* GARETH JONES, *ibidem.*

de cumprimento, não tinha sido suficiente, porque o credor não suspeitava de que o devedor se preparava para não honrar o seu compromisso. Em acréscimo, o facto de o incumprimento ter sido deliberado dá apoio à tese da restituição dos lucros. Além disso, havia um interesse do credor em prevenir uma actividade lucrativa do devedor na base do incumprimento. Mas a restituição do ganho não é meramente punitiva enquanto se não tratar de punir o agente sem relação com os ganhos por ele obtidos.

15. Tipos básicos de delito e incumprimento

O ensino da responsabilidade civil deve privilegiar a responsabilidade por facto ilícito-culposo, atenta a sua proeminência no direito da imputação dos danos, sendo avisado distinguir aqui entre o delito e o contrato.

No campo aquiliano, a preocupação de conciliar uma adequada protecção dos bens jurídicos com a necessidade de preservar zonas de actuação livre de responsabilidade conduziu o legislador português, ademais de à opção de coligar a obrigação de indemnizar a uma conduta ilícita e culposa do sujeito, à determinação, no art. 483 n.º 1, das situações jurídicas básicas que dão lugar a uma imputação delitual: a violação de direitos subjectivos de outrem e a infracção de disposições legais destinadas à protecção de interesses alheios.

Neste aspecto, o sistema português distingue-se daquelas ordens jurídicas que, como a francesa ou a italiana, conhecem uma "ampla cláusula geral de responsabilidade delitual", com o resultado de nelas se remeter, no fundo, integralmente para os tribunais a delicada tarefa da discriminação das situações de obrigação de indemnizar, particularmente sensível no campo dos danos ocasionados por mera negligência. Na lei portuguesa, pelo contrário, estabelecem-se duas previsões básicas de responsabilidade – as da cláusula geral do art. 483 n.º 1 –, com as quais se combinam depois uma série de previsões delituais específicas (constantes dos preceitos subsequentes). A sua compreensão articulada mostra, não apenas a relevância da omissão como fonte de responsabilidade civil, como ainda a aceitabilidade, entre nós, da doutrina dos deveres no tráfico (a reconduzir à primeira variante do art. 483 n.º 1).

Resta saber se, ainda assim, o sistema delitual português se encontra suficientemente desenvolvido para responder às necessidades a que deve dar resposta. Aluda-se, exemplificativamente, à problemática dos cha-

Cap. II – O Programa e o Conteúdo de "Responsabilidade Civil"   73

mados danos patrimonais puros, à questão (conexa) do desenvolvimento de um direito sobre a empresa (para efeito de a tutelar ao abrigo da primeira variante do art. 483 n.º 1) e ao facto de o sistema português não consagrar nenhuma cláusula residual de responsabilidade por causação de danos com ofensa intolerável de padrões de conduta ético-jurídicos elementares (correspondente ao § 826 do BGB), circunstâncias estas que colocam delicadas questões de desenvolvimento e complementação do direito vigente, a resolver de forma metodologicamente correcta[85]. A título ilustrativo, merece discutir-se com rigor, por exemplo, a justificação da responsabilidade do credor que requereu, sem fundamento para tanto, a insolvência de certa sociedade, com o fim de, desse modo, pressionar o devedor ao pagamento ou obter a satisfação do seu crédito, com isso ocasionando um grave prejuízo a essa sociedade[86].

Além dos tipos básicos de delito há que mencionar ainda, como situação de responsabilidade básica, o incumprimento (art. 798), a respeito da qual não se faz sentir, como no plano delitual, o problema de uma conveniência de determinação precisa *ex ante* pelo legislador. Apresentando-se sob diferentes modalidades essenciais, ela é balizada pelo conteúdo da obrigação (via de regra definido pelas partes). A ultrapassagem desta sua (inerente) circunscrição, de modo a ganhar-se espaço, no âmbito não delitual, para a responsabilidade civil, coloca sensíveis problemas de teoria das fontes das obrigações. É oportuno aprofundá-lo, sobretudo no que concerne à violação dos deveres específicos de conduta (distintos das obrigações) que se afirmam no seio de ligações especiais como o contrato ou a relação de negociação (de um contrato).

---

[85] Com mais desenvolvimento o nosso *Teoria da Confiança e Responsabilidade Civil* cit., 246 ss, 251 ss, 164 ss, n. 121.

[86] O actual Código da Insolvência e da Recuperação de Empresas dispõe já de uma norma que consagra a responsabilidade civil por dedução de pedido infundado de declaração de insolvência (art. 22). O facto de essa responsabilidade só existir *apertis verbis* em caso de dolo lembra logo o quadrante dogmático do § 826 do BGB, para o qual as regras comuns da responsabilidade civil lusas não têm equivalente, atenta a natureza meramente patrimonial do prejuízo tipicamente resultante da referida conduta. (No domínio da legislação anterior, omissa quanto a este ponto, era crucial a questão dogmática, porque da sua resolução dependia a possibilidade de arbitrar, apesar do silêncio da lei, uma indemnização nestes casos.)

16. (*cont.*) Disposições de protecção, deveres no tráfico e danos patrimoniais puros

Dentro da análise e aprofundamento das situações de responsabilidade, justificar-se-á o destaque de três pontos: a doutrina das disposições de protecção, a dos deveres no tráfico e a problemática dos danos patrimoniais puros.

A relevância das disposições de protecção decorre de representar uma via crescentemente generalizada, quer de explicitação ou especificação, quer de alargamento, da protecção delitual dos bens e interesses. A identificação deste tipo de normas para efeito de desencadearem, com autonomia, a obrigação de indemnizar é delicada. Não se podem subverter acriticamente os equilíbrios sistemáticos do direito delitual. Por outro lado, a protecção de interesses alheios tem de ser um objectivo precípuo da norma, sob pena de qualquer tutela indirecta ou reflexa de tais interesses, mesmo que ocasional ou totalmente secundária segundo o escopo da norma, implicar *ipso facto* um apetrechamento do sujeito com uma pretensão indemnizatória (o que seria intoleravelmente excessivo). Impõem-se diferenciações segundo o tipo de bem delitualmente protegido. Problemas especiais como, *v.g.*, o do ónus da demonstração da culpa ou, ainda, do nexo entre a violação da disposição de protecção e o dano (em princípio a cargo do infractor), merecem evidentemente referência.

Quanto aos deveres no tráfico, na substância reconhecidos amplamente pela lei portuguesa, eles permitem estabelecer áreas de responsabilidade por omissão, de responsabilidade pelo domínio de uma esfera de vida espaciofisicamente determinada e de responsabilidade decorrente da assunção de uma actividade. Impõem ao sujeito deveres de evitar perigos ou afastar riscos. Além da abordagem do âmbito material e pessoal de protecção destes deveres, merece aprofundar-se o estudo da responsabilidade no caso de haver a interferência de terceiros no cumprimento de tais deveres. O dever, *v.g.*, nem sempre cabe ao proprietário da coisa, sobretudo se não for ele quem exerce o domínio de facto sobre ela; e na hipótese de transferência do cuidado da coisa para outrem (por contrato), importa destrinçar as situações de que resulta o estabelecimento de uma responsabilidade concorrente daquelas em que, ao invés, se dá a exoneração do primitivo obrigado. Todos estes aspectos se desenvolvem comodamente em teste prático de hipóteses de aplicação dos arts. 491-493 do Código Civil.

Cap. II – O Programa e o Conteúdo de "Responsabilidade Civil"   75

Passando para outro ponto, verifica-se que uma parte significativa dos desenvolvimentos propostos para a afirmação de responsabilidades "intermédias" entre a aquiliana e a obrigacional se prende com aquilo a que se tem chamado os interesses patrimoniais puros. De facto, perante o direito delitual português vigente afigura-se difícil de contestar o desfavor relativo que, numa ponderação global, merece a protecção contra os prejuízos puramente patrimoniais. Justifica-se, por isso, o aprofundamento do estatuto destes danos, tendo em mente as principais constelações de responsabilidade que os envolvem. Eles multiplicam-se nos nossos dias pela crescente "imaterialização" da riqueza, também derivada do aparecimento de novas formas de "propriedade", crescentemente "sofisticadas", a convidar a uma revisão das concepções tradicionais, "reificadoras" do património.

Persuadimo-nos de que se impõe uma análise diferenciadora, sem prejuízo da possibilidade de se elencar uma série de argumentos genéricos em abono do relativo desfavor de protecção em sede aquiliana[87]. A formulação meramente negativa destes prejuízos como não derivados da violação de direitos absolutos, apesar da sua cómoda facilidade, é dogmaticamente pobre, na medida em que abarca um conjunto muito heterogéneo de situações e não dá qualquer pista para as valorações que importa fazer. Entre estas, avulta a necessidade de preservar, para os sujeitos, zonas razoáveis de liberdade de actuação e isenção do risco da responsabilidade. Essa conveniência faz-se certamente sentir de modo diferente dentro do mercado e fora dele, assim como pode variar em função de outros factores, como o perfil dos sujeitos envolvidos (por exemplo, empresas ou consumidores).

Tudo se deixa exemplificar bem com temáticas modernas e praticamente muito significativas como a da responsabilidade por informações[88] ou a da responsabilidade do banqueiro pela concessão do crédito perante terceiros. Mas também a "clássica" – e, aliás, muito relevante – questão da responsabilidade de terceiro pela violação do crédito precisa, em nosso entender, de ser refrescada por este género de considerações,

---

[87] *Vide* o nosso *Teoria da Confiança e Responsabilidade Civil* cit., 240 ss.

[88] Este tema, particularmente tratado entre nós por SINDE MONTEIRO, *Responsabilidade por Conselhos, Recomendações e Informações* cit., atravessa, como aliás outros, várias rubricas do programa, servindo, na variedade das ponderações dogmáticas que concita, diversos propósitos lectivos, o que deve ser aproveitado.

76 Direito Civil – Responsabilidade Civil

que, ademais de bem conhecidos pontos de vista, atendam, por exemplo, à "lógica" do mercado e à disciplina da concorrência, e sejam permeáveis a ponderações de harmonização de esferas de liberdade e de risco em confronto (havendo que ter presente o modelo e as limitações do disposto, em sede de conflito de direitos, no art. 335).

17. Sobre a ilicitude e as causas de justificação; a assunção de riscos e a actuação a risco próprio

Mas a elaboração do juízo de responsabilidade civil não se detém na análise das situações de responsabilidade. Requere-se a determinação da ilicitude (de ordinário presumida com a verificação da situação de responsabilidade[89]) e da culpa. Alude-se assim, no fundo, a três planos na construção do (juízo do) delito, que devem ser convenientemente desenvolvidos.

Entre outros aspectos, quanto à ilicitude, importa em especial confrontar entre si, apreciando as suas consequências, duas concepções: a que a refere a um certo resultado e a que a toma como característica da conduta (*Erfolgsunrecht* vs. *Verhaltensunrecht* em conhecidas expressões germânicas). Elas repercutem-se no entendimento dos deveres no tráfico.

No campo das causas de justificação, propõe-se uma especial atenção para aquelas que, pela amplitude e indeterminação que apresentam reflectem o melindre de que se pode revestir o juízo da ilicitude. Entre elas se conta a assunção voluntária de um risco de dano (*acceptation des risques, assumption of risk*) ou a "actuação a risco próprio" (*Handeln auf eigene Gefahr*).

A demarcação do consentimento do lesado apresenta-se imprecisa: são figuras dogmaticamente próximas, com fronteiras algo evanescentes e nem sempre fáceis de destrinçar no caso concreto[90]. A consequência é, no entanto, a mesma: traduz-se na exclusão da indemnização por exclusão de um dos seus pressupostos, a ilicitude do acto danoso.

No consentimento do lesado está em causa mais do que a renúncia antecipada do lesado a fazer valer a indemnização ou do que uma con-

---

[89] Mas autónoma desta, como se vê pelo teor do art. 483 n.º 1 do Código Civil. Cfr. já, mais desenvolvidamente, o nosso *Contrato e Deveres de Protecção* cit., 136 n. 273.

[90] Veja-se J. C. Brandão Proença, *A Conduta do Lesado* cit., 605 ss.

venção de exclusão da responsabilidade. Através dele, o sujeito (que consente numa heterolesão) legitima ele mesmo a danificação de interesses seus; tolera a acção prejudicial, dispondo voluntariamente do juízo de ilicitude que a ordem jurídica de outro modo faria desse acto em homenagem aos seus próprios interesses.

Aponta-se com frequência que o consentimento do lesado requer uma conduta consciente e voluntária do sujeito. Embora se admita então que esse consentimento possa ser tácito, isto é, derivado de circunstâncias que com toda a probabilidade o revelem (art. 217 n.º 2 do Código Civil). Mas esta tónica – e restrição – voluntarista não é pacífica. Não se questiona só a necessidade de uma declaração, mas, mesmo, a do tipo de vontade que lhe corresponde.

Verifica-se por exemplo que em casos genericamente entendidos como de consentimento do lesado – exemplo dos atletas que praticam desportos arriscados para a sua integridade física –, os potenciais prejudicados partem justamente do princípio de que nada de relevante lhes acontecerá (sendo portanto irreal pretender-se que consentiram na lesão, no sobredito sentido restritivo)[91].

Em matéria de consentimento do lesado avulta hoje a chamada "teoria da direcção da vontade", uma concepção também generalizadamente aceite na jurisprudência penal. Segundo esta orientação, a declaração não releva, pode até nem existir, importando, isso sim, a direcção da vontade de quem consente[92]. Com isto, o consentimento do lesado amplia-se na direcção das outras figuras.

A assunção do risco e a conduta a próprio risco traduzem, em todo o caso o comportamento do lesado consistente em se expor conscientemente a um certo perigo ou risco conhecido sem a isso estar vinculado (ainda que porventura mantendo a esperança de não ser atingido por um dano). Não se requer propriamente um comportamento declarativo – exigência feita por alguns a propósito do consentimento do lesado –, mas reclama-se uma *conduta objectiva de exposição ao risco*. Estamos

---

[91] Cfr. ORLANDO DE CARVALHO, *Teoria Geral do Direito Civil* (polic.), Coimbra, 1981, 39-40.

[92] Di-no-lo EDUARDO CORREIA. O consentimento do lesado no campo penal foi entre nós tematizado com profundidade por COSTA ANDRADE, *Consentimento e Acordo em Direito Penal*, Coimbra, 1991. A transponibilidade do essencial dessa investigação, com as necessárias adaptações, para o domínio da responsabilidade civil é todavia manifesta. Quanto ao ponto do texto, *vide* págs. 611-612 e nota 113.

78   *Direito Civil – Responsabilidade Civil*

portanto num quadrante dogmático de cariz puramente "real", menos sujeito a tentações "psicologistas" ou "declarativistas" do que o consentimento do lesado.

É um facto que a paleta de construções explicativas da exclusão da responsabilidade que lhe anda associada[93] há muito deixou de considerar apenas explicações negociais (que pressupõem conhecimento, vontade e declaração), para considerar outras justificações que incidem directamente no fundamento da responsabilidade por razões objectivas[94], e o excluem. Por exemplo, invocando a interpretação teleológica das normas de responsabilidade, a implicar uma redução (teleológica) das mesmas quando ocorre a assunção de riscos, ou então conexionando a exclusão da indemnização com a teoria do fim de protecção das regras de responsabilidade, que não cobre situações de actuações a risco próprio.

Na base da exclusão da responsabilidade por exposição ao perigo está um pensamento basilar: o de que cada um deve responder pelas consequências do seu agir. É o *princípio da auto-responsabilidade incindivelmente ligado à autonomia privada dos sujeitos*. Nesta sua aplicação suplanta-se em todo o caso a ideia de que cada um deve acautelar--se contra as contingências do *risco geral da vida*, que não permitem ancorar uma ilicitude e que devem ser suportadas individualmente.

Tudo se ajusta também ao campo contratual. Assim, quando alguém, tendo o domínio, o controlo ou a possibilidade de direccionamento do risco de dano coligado a um negócio, não obstante o celebra, não pode depois demandar a outra parte pelos prejuízos que sofreu. (Há, por exemplo, actuação a risco próprio se um banco não se mune, podendo fazê--lo, das garantias suficientes para a realização do seu crédito; não pode demandar o gerente da sociedade mutuária se este não as providenciou.) A responsabilidade civil não pode modificar a "economia do risco" dos contratos celebrados entre as partes. Também no campo contratual se deve portanto dar atenção às causas de exclusão da responsabilidade.

---

[93] Fundamental é a obra de HANS STOLL, *Handeln auf eigene Gefahr*, Berlin e Tübingen, 1961. Aqui se pode também confrontar a ampla aceitação do pensamento dogmático da actuação a risco próprio no direito francês – através da ideia da *acceptation des risques* – e nas ordens jurídicas anglo-americanas (com a figura da *assumption of risk*).

[94] Quanto à ausência de declaração, há que dizer que do ponto de vista da responsabilidade civil aquilo que está em causa é a pura e simples objectividade da conduta de quem se expõe ao risco.

Acrescente-se ainda um esclarecimento: dogmaticamente, a actuação a risco próprio entesta com os "deveres de protecção" (de alguém para com outrem), isto é, onde aquela existe, estes não se afirmam, pois só onde ela acaba estes podem começar.

Como se disse, numa ordem baseada na autonomia individual, há um princípio segundo o qual quem se expõe voluntária e conscientemente a um risco não pode deduzir uma pretensão de indemnização. Ora, certamente que existem também excepções a esse princípio, quando não possa reclamar-se razoavelmente daquele que se expõe a perigos medidas autodefensivas. Por isso se foram ao longo do tempo afirmando determinados deveres de protecção[95]: para beneficiar (categorias de) pessoas merecedoras de especial tutela por não estarem em condições de se autoprotegerem (de modo satisfatório) em relação a certos riscos; por exemplo, os consumidores.

A afirmação desses deveres corresponde à incidência de um princípio de igualdade material sobre o aludido princípio da autodeterminação. Nem todos se encontram (substancialmente) na mesma posição, pois nem todos estão em igualdade de condições para se poderem defender do mesmo modo e com os mesmos custos. Em última análise, sem dúvida que a fronteira entre a actuação a risco próprio e o merecimento de protecção (através de deveres de protecção a cargo de outrem) depende de concepções sociais-éticas (variáveis).

18. Acerca da culpa, da sua prova e do respectivo ónus

A análise da culpa pressupõe a existência de um dever (ou de uma proibição) destinado a evitar a lesão, a cargo do lesante. A conclusão a seu respeito obtém-se, salvo se um contrato prévio entre lesado e lesante levar a critério diferente, por concretização, em princípio, do padrão da diligência genericamente exigível (do art. 487 n.º 1). Esta é claramente uma questão-de-direito (sem prejuízo de outros elementos do juízo de culpa permanecerem matéria de facto).

Além do aprofundamento do requisito da culpa – central na responsabilidade, porque não há, via de regra, responsabilidade sem culpa –, das

---

[95] Subsídios para essa compreensão no nosso *Contrato e Deveres de Protecção* cit., *passim*.

nuances do seu sentido na responsabilidade aquiliana e contratual, e das suas modalidades, justifica-se uma especial dedicação às regras de distribuição do ónus da prova. Trata-se de matéria de grande relevância prática, aliás respeitante, não apenas à culpa, mas também à ilicitude e, antes disso, à própria ocorrência de um facto que suporta esse juízo (aludimos à *haftungsbegündende Kausalität*[96]), assim como a outros pressupostos da responsabilidade civil.

É de rejeitar uma visão radical que, apelando acriticamente a um vago pragmatismo ou realismo, afirme ser a questão do ónus da prova uma "tempestade num copo de água", já que o juiz forma sempre pessoalmente a sua convicção. Não existem juízes omniscientes; por isso, a formação da decisão da matéria de facto está sujeita a regras e apresenta-se sindicável.

Na distribuição do *onus probandi* encontra-se um ponto sensível da destrinça entre a responsabilidade aquiliana e a responsabilidade obrigacional que já averiguámos com mais pormenor em outras ocasiões. Importa-nos agora acentuar que esta amplitude da presunção de culpa diz particularmente respeito a deveres de resultado. Não pode, por conseguinte, estender-se de forma acrítica às meras obrigações de meios.

Na responsabilidade obrigacional, verificada a falta de cumprimento, presume-se que essa falta de cumprimento é imputável ao devedor (cfr. o art. 799 n.º 1). Tal presunção pode referir-se, não só à culpa (em sentido estrito), como, antes disso, também à ocorrência de um comportamento ilícito do devedor (na origem do inadimplemento): a que, portanto, na base de não cumprimento existe uma conduta do devedor objectivamente contrária às exigências da ordem jurídica, e a que essa conduta é também passível de um juízo (subjectivo) de censura[97]. Com tal amplitude, este regime explica-se no fundo como *pivot* do equilíbrio traçado pelo legislador entre a prestação como resultado devido e a necessidade de ilicitude e culpa na responsabilidade obrigacional. Só que uma presunção deste tipo – abrangente da ilicitude e da culpa – apenas se justifica quando pela prestação o devedor atribuiu ao credor um resultado. A ausência desse resultado prometido pelo devedor indiciará então a responsabilidade do devedor, havendo este portanto de esclarecer que a sua não produção se deveu a motivos que não lhe são imputáveis.

---

[96] Insistimos neste ponto, como momento analiticamente diferenciável na construção da responsabilidade que não tem sido, em nosso entender, suficientemente relevado.

[97] Cfr. o nosso *Contrato e Deveres de Protecção* cit., 188 ss.

Por isso, esta disciplina já não se pode aplicar quando a obrigação é de meios ou de diligência, isto é, o devedor se comprometeu, não a um resultado, mas apenas a empregar os meios ou a adoptar a diligência conveniente para satisfazer um interesse do credor.

Com efeito, é então ao credor que compete identificar e fazer provar a exigibilidade de tais meios ou da diligência (objectivamente) devida. A presunção de culpa tende portanto a confinar-se à mera censurabilidade pessoal do devedor. Por outras palavras, se a falta de cumprimento carece sempre de ser positivamente demonstrada pelo credor lesado, esta exigência traduz-se aqui, em termos práticos, na demonstração da ilicitude da conduta do devedor.

Tudo isso comporta a formulação do art. 799 n.º 1 do Código Civil. Nas obrigações de meios, repisa-se, dada a ausência de um resultado devido, não é suficiente que o credor demonstre a falta de verificação desse resultado. Ele tem sempre de individualizar uma concreta falta de cumprimento (ilícita). Dada a índole da obrigação, carece de demonstrar que os meios não foram empregues pelo devedor ou que a diligência prometida com vista a um resultado não foi observada.

O mesmo se passa na responsabilidade por incumprimento dos meros deveres de cuidado e protecção que acompanham normalmente a relação obrigacional, mas que podem surgir independentemente da existência de deveres de prestar (como na *culpa in contrahendo*, na *culpa post pactum finitum*, no contrato com eficácia de protecção para terceiros e, em geral, noutras relações especiais).

O regime do não cumprimento das obrigações não se aplica em bloco aos casos de infracção de meros deveres de conduta[98]. De todo o modo, e semelhantemente ao que ocorre nas obrigações, há que distinguir entre os deveres de resultado e os deveres de meios ou de mera diligência. Nestes só se trata de envidar esforços; com vista a certo objectivo, é certo, mas que nem por isso é devido. Aqui requere-se que o lesado identifique e demonstre a diligência exigível. A não produção do resultado a que a adstrição de meios ia endereçada não justifica de modo algum a presunção (legal) de que a causa do dano sofrido tem origem num comportamento do sujeito (vinculado) contrário a ela.

Nos deveres de meios há assim que distinguir entre a finalidade (última) do dever – o resultado que com ele se quer prosseguir – do

---

[98] Defendemo-lo desde *Contrato e Deveres de Protecção* cit., *v.g.*, 190 ss, e 261.

82 *Direito Civil – Responsabilidade Civil*

conteúdo do dever. A diferenciação entre deveres de meios e de resultado traça-se, portanto, não pelo escopo, mas pelo teor do dever. (Bem se sabe que, atenta a enorme flexibilidade da sua configuração que lhes advém de serem de reconhecimento jurisprudencial, a destrinça entre deveres de meios e de resultado é relativizável, mas nem por isso ela deixa de ser menos oportuna.)

Criticável afigura-se ser que a dificuldade para o autor da pretensão indemnizatória de provar os elementos da sua pretensão (a *Beweisnot*) seja suficiente, só por si, para inspirar e justificar uma alteração às regras de distribuição do ónus da prova. Que a explicação do evento seja mais fácil para o (eventual) lesante do que para o lesado (ou mesmo muito difícil para este último) apenas consentirá assim um "aligeiramento" dos requisitos do cumprimento do ónus da prova através da admissibilidade de uma prova *prima facie* ou de primeira aparência. Neste âmbito se deverá mover o julgador, por exemplo, em acções de responsabilidade médica (sem prejuízo da dialéctica probatória que possa desencadear no uso dos seus poderes de averiguação).

Embora distinto da questão do ónus da prova, é assim crucial o problema do grau de evidência ou conclusividade por forma a permitir (ou afastar) o estabelecimento de certos factos que interessam ao juízo de culpa. Para este juízo é determinante o critério da formação da convicção, incluindo aqui os pontos de vista a atender para dirimir argumentos que possam depor em sentido diferente quanto à verificação do suposto de facto em que aquele juízo se baseia.

Ordinariamente, a negligência deve ser provada; não se presume. Ora, tem de haver uma demonstração que comprove, aos olhos de pessoas razoáveis, ser suficientemente certo ter havido negligência para que se justifique a imposição da obrigação de indemnizar. A negligência pode ser evidenciada, como qualquer outro facto, pelas circunstâncias, isto é, por um conjunto de ocorrências que tornem razoável inferir esse juízo. Semelhante inferência é um processo mental sujeito a regras e, assim, à controlabilidade. Com certeza que é falível. Mas pode também ser muito forte. Tudo depende sobremaneira do acervo e da qualidade da experiência de vida que seja possível convocar para o efeito.

Um uso correcto das presunções de facto é imprescindível. Elas apelam para aquilo que ocorre (ou não) segundo o curso normal das coisas, ou seja, à luz da experiência usual. A base desta experiência não se reduz meramente à (subjectiva) do julgador, antes abrange aquela que é comum a uma comunidade. Ela pode portanto variar, evoluir e corrigir-

-se. O risco do desconhecimento dessa experiência na condução individual da vida corre por conta de cada um como preço a pagar pela sua participação no todo social.

Para a demonstração indiciária da culpa torna-se necessário que o tipo do evento a esse título imputado não ocorra geralmente na ausência de uma negligência de alguém. Também é relevante saber se ele foi ou não originado por uma circunstância ou ocasião sobre o qual o potencial responsável tinha o exclusivo controlo. Tanto pode demonstrar-se que ocorreu (com a devida probabilidade) uma certa e concreta conduta (culposa) do sujeito, como evidenciar-se (na falta dessa demonstração) que todas as causas pensáveis e prováveis de determinado evento são, em termos de razoabilidade, imputáveis ao sujeito, que por elas terá de ser responsável.

Não deve no entanto olvidar-se que o grau de persuasividade que se requer para o estabelecimento de um facto se encontra num equilíbrio dinâmico com as consequências que dele se pretende retirar. Ele tem de ser suficiente para admitir a inversão das posições dos sujeitos no diálogo probatório (em juízo).

Tudo o que se disse se aplica, *mutantis mutandis*, para a desculpação.

19. A responsabilidade pelo risco e a responsabilidade pelo sacrifício

No que concerne à responsabilidade civil pelo risco, pressuposto que está o conhecimento das principais previsões deste tipo de responsabilidade, crê-se útil (e integrador) centrar o ensino em certos aspectos estruturantes gerais. Assim, há que chamar a atenção para os problemas, metodológicos e de substância, postos pela técnica da enumeração (cfr. o art. 483 n.º 2), que mantêm esta responsabilidade sob tensão (na direcção de um alargamento). Para a resolver, importa ajuizar globalmente sobre o equilíbrio e o grau de completude daquelas previsões, nem sempre ajustados à evolução de uma sociedade de riscos. É discutível que baste o estabelecimento de analogias particulares com as hipóteses previstas, dentro das margens do que o direito vigente consente. Merece ponderar-se, em alternativa, a introdução de uma cláusula geral, embora de alcance limitado ou circunscrito (para impedir o inconveniente de um excesso de responsabilização, para permitir a calculabilidade do risco, para possibilitar a sua transferibilidade para as seguradoras). Enquanto não surge consenso no que toca à respectiva introdução, nem se debelam as dificuldades da sua formulação – sirva de exemplo a dificuldade de concretizar uma noção de "risco especial de dano" ou de "actividade especialmente perigosa" – pede-se a ágil atenção do legislador para responder com prontidão às necessidades de aperfeiçoamento do direito vigente que o surgimento de novos riscos possa manifestar.

A imputação de um risco procura resolver o problema de um dano que é tomado, antes de tudo, como uma contingência, por aqui se distinguindo bem da responsabilidade por factos ilícito-culposos, que está endereçada à reparação de um dano "injusto". Exprime uma justiça distributiva (que contrasta com a justiça correctiva prosseguida pela segunda). Assenta genericamente na introdução da fonte do perigo ou na controlabilidade abstracta desse perigo. Justifica-se especialmente em relação àquele que tira vantagem da fonte do perigo (há aspectos específicos a considerar no campo da imputabilidade a menores e incapazes). De qualquer modo, parece que a responsabilidade pelo risco se deveria cingir ao domínio dos perigos especiais (em contraponto com o risco geral de vida a que acima se aludiu). É discutível, sob este aspecto, a recondução da responsabilidade objectiva do comitente à responsabilidade pelo risco, pois a relação de comissão não se apresenta, em si, particularmente perigosa. O sentido desta previsão de responsabilidade objectiva carece de discussão, sobretudo em ligação com o pensamento do risco de empresa e de actividade, que também não realiza perfeitamente[99].

Dadas as características da responsabilidade pelo risco, o âmbito dos danos por ela cobertos depende do fim de protecção da norma. Deste modo, o juízo de causalidade requer a respectiva interpretação (numa situação análoga à da responsabilidade delitual por violação de disposições de protecção). Em todo o caso, há que ter em conta o estabelecimento de limites quantitativos a esta responsabilidade – que podem ser importantes para garantir a susceptibilidade de segurar o risco, e a existência de causas gerais de exclusão da mesma, como a força maior ou um facto imputável ao lesado. Uns e outros contrabalançam uma responsabilidade independente de culpa. Problemas especiais a abordar derivam da compatibilização do facto imputável ao lesado com a necessidade de protecção, *v.g.*, de menores.

---

[99] Cfr., para alguns subsídios, o nosso *Contrato e Deveres de Protecção* cit., 205 ss.

Como sempre, no seguimento da orientação global acima exposta, importa também destrinçar as hipóteses de responsabilidade pelo risco no âmbito de ligações especiais, permeáveis a ponderações específicas. Merecedor de análise sob este aspecto é, por exemplo, o art. 504.

Mutatis mutandis, aliás, no que respeita a outras responsabilidades independentes de culpa. Assim, na responsabilidade objectiva por acidentes de trabalho, que, apesar de pontos de contacto, se deixa distinguir da responsabilidade pelo risco. Essa responsabilidade exprime a distribuição dos prejuízos ocasionados por uma actividade levada a cabo em benefício de outrem, mesclada com uma finalidade protectiva da parte mais fraca: não é delitual; apresenta-se antes privativa de uma relação especial (de trabalho)[100].

Propomo-nos igualmente desenvolver a responsabilidade pelo sacrifício (também dita por factos lícitos), cujo estudo no tronco comum da licenciatura costuma ser relativamente limitado. As previsões são esparsas: além do debatido estado de necessidade, deixam-se identificar outras, nomeadamente no domínio das relações de vizinhança. (Um campo especial de reflexão é o daquele em que por ausência de culpa, certa agressão ilícita não conduz a responsabilidade, mas em que, por outro lado, pode ser injusto que o lesado tenha de suportar por isso as consequências de um comportamento objectivamente antijurídico e de que o sujeito beneficiou objectivamente; exemplo da acção directa putativa não culposa.)

Tal como a propósito da responsabilidade pelo risco, coloca-se o problema da admissibilidade de outras hipóteses para além das consagradas explicitamente pelo legislador. Não obstante, a natureza e o fundamento desta modalidade são diferentes. Na responsabilidade pelo sacrifício avulta primordialmente a ideia da compensação daquele que sofre as consequências de uma lesão danosa (excepcionalmente) permitida para salvaguardar certos interesses. Ela resulta de uma ponderação de interesses segundo um princípio de proporcionalidade. O alargamento da responsabilidade pelo sacrifício a vector geral do ordenamento é todavia incompatível com a protecção dos bens, por isso que esta não pode ser (genericamente) reduzida a pretexto de haver algum interesse conflituante de outrem.

---

[100] Posição diferente foi defendida por MENEZES LEITÃO em *Acidentes de trabalho e responsabilidade civil*, ROA, 48 (1988), 773 ss.

86 *Direito Civil – Responsabilidade Civil*

No âmbito contratual ou de outras relações especiais podem impor--se valorações específicas. O entrecruzamento da responsabilidade pelo sacrifício com as diversas modalidades da responsabilidade civil distintas da aquiliana revela-se eloquentemente no facto de a responsabilidade pela confiança, nas suas manifestações emblemáticas, se deixar construir justamente como responsabilidade pelo sacrifício (em si, lícito, da confiança), de natureza meramente compensatória, realizadora de uma *iustitia correctiva*[101].

20. A responsabilidade por facto de outrem e a "culpa de organização"

A responsabilidade por facto de outrem é outro dos pontos nevrálgicos da doutrina comum da responsabilidade civil, tanto mais importante quanto mais interpenetradas forem, como hoje são, as relações entre sujeitos, a acompanhar a divisão e especialização de funções que caracterizam crescentemente as sociedades modernas. Esta responsabilidade configura-se diversamente no plano obrigacional e extra-obrigacional, o que se repercute no plano dos requisitos e consequências. Remete-se para as reflexões que já fizemos a este respeito[102].

De grande relevância – teórica e prática – neste domínio é a tendência actual de afirmação de uma "culpa de organização" como fundamento da imputação dos danos, nomeadamente delitual. Através dela se pretende antes de mais dinamizar os clássicos deveres *in eligendo, in instruendo* e *in vigilando*, no sentido de responsabilizar os titulares de "organizações" (empresas, hospitais, Estado e autarquias), por danos causados na respectiva actividade. Nessa veste, a culpa de organização não representa senão um pólo da doutrina dos deveres no tráfico. No entanto, a tónica é posta nas falhas de organização, noção ampla que tem sido pretexto para alargar a referida doutrina: colocando exigências acrescidas no que toca à estruturação dos meios e recursos empregues, atribuindo ao lesado facilidades no campo da prova dos requisitos da responsabilidade e dificultando a exoneração do titular.

---

[101] Para esta concepção, cfr. o nosso *Teoria da Confiança e Responsabilidade Civil* cit., *v.g.*, 402 ss, 428 ss, 873 ss.

[102] Por exemplo, em *A responsabilidade objectiva por facto de outrem face à distinção entre responsabilidade obrigacional e aquiliana*, Direito e Justiça XII/2, 1998, 297 ss.

Os deveres de organização fundam-se na necessidade de o sujeito configurar de tal modo a sua esfera que se evitem lesões a terceiros. Podem nascer também da transferência ou delegação em outrem de deveres que originariamente lhe não cabiam.

No apuramento das falhas de organização que desencadeiam a responsabilidade há que levar em conta o tipo de risco envolvido, a sua recognoscibilidade, a adequação e a exigibilidade de medidas organizatórias destinadas a evitá-lo. Se se apura uma deficiência deste género, torna-se dispensável a identificação do sujeito e da conduta concretos que conduziram ao dano. A inversão do ónus da prova da culpa (englobante da ilicitude) que neste aspecto se permite contra o titular da organização beneficia o lesado.

Há em todo o caso uma imputação diversa daquela que opera *ex vi* do art. 500, que requer sempre, *apertis verbis*, uma imputação (primária) ao comissário; ao contrário, portanto, de uma recondução directa do dano ao titular da organização (baseada no pensamento da responsabilidade pela própria esfera de vida, por violação de deveres no tráfico). As dificuldades de compatibilização valorativa são claras.

De todo o modo, a responsabilidade "pela organização" só pode ser admitida *de lege lata* como responsabilidade por culpa. O seu aprofundamento tem especial interesse para dar densidade dogmática à noção de "falta do serviço" (*faute du service*) apurada no direito administrativo. Impõe-se a sua articulação valorativa com a área da "procuração aparente" (no seio de organizações). E não pode estender-se a organizações autónomas ou independentes, pois implica pelo menos o poder de dar instruções. Especial atenção merece, do ponto de vista dos efeitos na responsabilidade, a transferência por contrato da titularidade ou, sobretudo, da exploração da organização (exemplo, locação do estabelecimento comercial, concessão da exploração de um hospital).

21. Deveres de protecção no âmbito das ligações especiais e responsabilidade pela confiança

No programa de uma disciplina de responsabilidade civil deve dedicar-se a devida atenção ao estudo daquilo que consideramos o espaço intermédio entre contrato e delito, "terra de confins" ou "terra de ninguém" responsável por alguns dos desenvolvimentos mais sensíveis – e, por vezes,

88 *Direito Civil – Responsabilidade Civil*

diga-se, verdadeiramente espectaculares –, do direito da responsabilidade civil. A doutrina portuguesa, sem prejuízo de orientações e qualificações diversas a esse propósito, tem-lhe dedicado também atenção[103].

Dentro da enorme amplitude de que se reveste, é metodológica e pedagogicamente apropriado partir das hipóteses de cumprimento defeituoso por violação de deveres laterais de conduta (em especial com ocasionação de danos laterais e subsequentes), assim como da *culpa in contrahendo*, acompanhando depois a evolução no sentido do alargamento da incidência subjectiva dos deveres, tanto do lado activo como do lado passivo (designadamente o contrato com eficácia de protecção para terceiros e a *culpa in contrahendo* de terceiros). Neste campo, que coincide globalmente com o âmbito da regra de conduta segundo a boa fé, podem apontar-se outras relações obrigacionais sem deveres primários de prestação como a ligação corrente de negócios ou a *culpa post pactum finitum*. Essencial é a compreensão do sentido dessa regra e dos parâmetros a que há-de obedecer a sua concretização.

Deve sublinhar-se a estreita dependência deste tema com respeito ao reconhecimento do carácter complexo da relação obrigacional, os limites do contrato enquanto acto de autonomia privada, a necessidade de proceder, por isso, a uma "descontratualização" dos meros deveres de conduta, bem como confrontar-se estes deveres com as situações e estruturas de imputação delituais, para proceder, por último, à discussão aprofundada dos seus fundamentos dogmáticos.

A invocação, neste contexto, da doutrina da protecção da confiança é normalmente equívoca e insatisfatória. Dotada de grande raio de acção potencial, mas urgentemente a carecer de controlo e manuseamento dogmáticos, precisa de ser convenientemente reconstruída nos enunciados teóricos globais que a compõem e, depois, tornada operacional para os diversos (e mais importantes) sectores de aplicação típica.

Para o efeito, convém enquadrar a protecção da confiança no direito civil, abordar as modalidades principais da tutela das expectativas, em

---

[103] Cfr. em especial BAPTISTA MACHADO, *Tutela da confiança e* venire contra factum proprium, e *A cláusula do razoável*, in Obra Dispersa, I, Braga, 1991, 345 ss, e 457 ss, respectivamente, e SINDE MONTEIRO, *Responsabilidade por Conselhos* cit., especialmente 478 ss.

Este campo apresenta-se, em apreciável medida, conexo com os deveres impostos pela boa fé. É incontornável aqui MENEZES CORDEIRO, *Da Boa Fé em Direito Civil*, Coimbra, 1984.

Cap. II – O Programa e o Conteúdo de "Responsabilidade Civil"   89

especial, a protecção "positiva" e a protecção "negativa", relevar quanto à primeira, a tutela da aparência (por exemplo, referindo a procuração e a ratificação aparentes), mas sobretudo a protecção "positiva" das expectativas por imperativo ético-jurídico (campo do *venire* e da "neutralização"), para, depois, dar uma breve sinopse dos casos discutidos como de responsabilidade pela confiança (ajustando a mira aos ainda não debatidos na leccionação). Há que tomar então em conta as objecções gerais à doutrina da confiança e delinear a sua reconstrução dogmático-crítica, conferindo e afinando os seus requisitos, investigar os apoios *de lege lata* existentes, bem como a margem da sua transponibilidade para outros casos, e proceder depois, em função dos resultados e da natureza da responsabilidade pela confiança, a algumas reordenações dogmáticas (que podem exemplificar-se com a responsabilidade pela ruptura das negociações ou com o problema das inalegabilidades formais).

Dada a índole de toda a temática correspondente a este ponto do programa, a sua abordagem deve ter particularmente em conta a situação (*de iure constituto*) que está na base dos desenvolvimentos *praeter legem* da *summa divisio* da responsabilidade civil em contratual e aquiliana – a que, ao menos em parte, corresponde –, bem como os pressupostos metodológicos que balizam e asseguram a legitimidade dessa evolução[104].

22. Por um conceito normativo de dano; a necessidade de congruência entre fundamento e prejuízo; danos não patrimoniais

A temática do prejuízo, a par da da imputação (*lato sensu*), apresenta-se central na responsabilidade civil. O seu aprofundamento revela a necessidade de adoptar um conceito normativo de dano (*normativer Schadensbegriff*)[105]. O dano não é qualquer prejuízo sentido ou afirmado por alguém como tal. Apesar de a ordem jurídica o não definir em geral, ele deve justificar-se por aplicação de critérios normativos, alicerçar-se numa ponderação da ordem jurídica. Para o Direito releva aquele dano

---

[104] Dispensamo-nos de mais esclarecimentos sobre este tema a que dedicámos já muitas páginas.

[105] Cfr., com desenvolvimento, por todos, LANGE, *Schadensersatz*, 2.ª edição, Tübingen, 1990, 39 ss.

que outrem deva suportar segundo valorações jurídicas; as normas que fundamentam a responsabilidade podem restringi-la em relação a certos tipos de danos, e afirmá-la com respeito a outros.

O conceito normativo de dano não resolve o problema do seu preenchimento. Embora evite as dificuldades de uma compreensão social ou empírica de prejuízo, por si só é inoperante. Para o aludido preenchimento relevam os outros pressupostos da responsabilidade, particularmente a ilicitude[106]. Tal aponta também para a construção dos pressupostos da responsabilidade segundo o modelo do sistema móvel protagonizado por Wilburg[107] (veja-se exemplarmente o que ocorre na determinação do dano provocado por uma omissão; quanto à interferência do nexo causal, observe-se a problemática do prejuízo da "perda de chance").

Isto presente, propõe-se a especial abordagem de algumas espécies ou modalidades de dano; ora na medida em que colocam problemas jurídicos específicos, ora porque ajudam à estruturação do sistema da responsabilidade.

Na verdade, há danos que guardam uma relação específica com certas ordens de responsabilidade. Assim, a distinção entre o dano de confiança e o dano de cumprimento (interesse contratual negativo e positivo) é privativa do direito da responsabilidade não aquiliana (obrigacional ou contratual, ou "intermédia") que se aplica ao campo da interacção dos sujeitos (âmbito da *culpa in contrahendo*, da responsabilidade pela confiança, etc.). Aí parece-nos incontornável e com reflexos práticos de grande importância. Não o vamos explicitar de novo[108].

Deve insistir-se em que há incompatibilidades racionais-valorativas entre certos fundamentos da responsabilização e os danos que se pretende ver ressarcidos. Assim, por exemplo, se um credor social objecta ao gerente de uma sociedade a celebração de um acto contrário ao objecto social não pode evidentemente pedir a responsabilização deste pelas obrigações daquele acto emergentes para com ele; quando um credor social ataca o acto de um administrador como indevido e ilícito, tem de

---

[106] Observe-se que, perante o disposto no art. 483 n.º 1, o dano parece não poder definir-se como a lesão, em si, de um direito ou de um interesse legalmente protegido, pois haveria sobreposição com a ilicitude (*rectius*, com a situação de responsabilidade).

[107] Cfr. *Entwicklung eines beweglichen Systems im bürgerlichen Recht*, Graz, 1950 (na base do precursor *Elemente des Schadensrechts*, Marburg a.d. Lahn, 1941).

[108] Cfr. em especial *Teoria da Confiança e Responsabilidade Civil* cit., 494 ss, 596 ss, 662 ss, 673 ss, etc.

Cap. II – O Programa e o Conteúdo de "Responsabilidade Civil" 91

lhe estar vedado deduzir em simultâneo uma pretensão de responsabilização pelo seu não cumprimento. São estruturas ônticas da realidade jurídica e das suas valorações que tornam juridicamente impossível esta pretensão[109]. Radicam verdadeiramente na *natureza das coisas*.

Para um outro exemplo, de resto já trazido à jurisprudência dos tribunais portugueses[110]: a concessão de uma indemnização pelo dano "vida" (correspondente a um pretenso direito de não nascer ou de não existir) parece ser juridicamente insustentável, pois o fundamento atinge o pressuposto da utilidade e sentido de qualquer indemnização; é contraditório querer liquidar o dano de viver e, em simultâneo, (pretender) continuar a viver.

As modalidades do prejuízo susceptíveis de serem abordadas são múltiplas. Sugere-se, *v.g.*, a consideração dos danos não patrimoniais, do dano da "perda de oportunidade", dos danos biológicos, do dano de privação de uso ou dos danos ambientais.

Algumas contraposições habituais são até certo ponto relativizáveis. Por outro lado, consoante os casos, haverá que ter em conta a distinção entre responsabilidade aquiliana e contratual.

Assim, por exemplo, a distinção entre danos patrimoniais e não patrimoniais não tem a ver com a natureza do bem ou do interesse primariamente atingido: uma lesão no património pode afectar interesses não patrimoniais – aborde-se o problema do valor afectivo de uma coisa

---

[109] Esclareça-se melhor este ponto: a única responsabilização em abstracto permitida pela invocação da infracção dos deveres a cargo do gerente de não praticar actos não compreendidos pelo objecto social é a que se dirige à reparação do dano de confiança: do dano consistente, portanto, não no incumprimento das obrigações deles emergentes, mas na celebração *em si* desses actos; pelo que a pretensão de responsabilização apenas pode ir dirigida à restauração do *status quo ante*, isto é à eliminação do prejuízo resultante de se ter chegado a contratar. Este prejuízo implica ordinariamente a liquidação repristinatória da operação em causa, em espécie ou por equivalente: o lesado terá direito à restituição daquilo que prestou em cumprimento do acto indevido (contra a restituição, por sua vez, daquilo que obteve).

[110] Cfr. o Acórdão do Supremo Tribunal de Justiça de 19 de Junho de 2001 (RLJ, ano 134, 371 ss), relatado pelo Conselheiro Fernando Pinto Monteiro. Este acórdão é a vários títulos digno de nota: entre eles, porque se coloca o problema da "falta de oportunidade" como dano (no caso, a "perda de chance" de abortar por suposta falta de informação), e bem assim a questão do cômputo do prejuízo de viver, alertando-se para a incapacidade dos tribunais de calcular o dano de "viver com a deficiência, comparado com a vantagem de não viver de todo".

corpórea –, tal como, inversamente, uma lesão na pessoa (e, portanto, à partida, não patrimonial) pode causar um prejuízo patrimonial. A consideração aplica-se em sede de responsabilidade contratual.

Quanto à ressarcibilidade dos danos não patrimoniais na responsabilidade contratual, há apesar de tudo que manter alguma prudência. Embora a norma central do art. 798, que estabelece haver o devedor de indemnizar o credor dos prejuízos causados pela falta de cumprimento, os não exclua, o dano não patrimonial resultante da falta de realização da prestação em si mesma parece não poder ser indemnizado acima do montante da contraprestação, sob pena de se atingir o valor (de troca) convencionado para essa prestação (que já terá de compreender o seu valor não patrimonial para o credor). Pensamos assim que o campo da indemnizabilidade dos danos não patrimoniais em sede contratual é, particularmente, o dos danos *subsequentes*. Mas a consideração destes últimos prejuízos tem, mesmo assim, de ser cingida aos seus justos limites; por exemplo, balizada por critérios de adequação (e/ou previsibilidade) para o devedor, também para se adequar às exigências do mercado e à natureza comercial ou profissional da actividade daqueles (credores) que aí actuam e respectivo risco.

O problema central dos danos não patrimonais tem a ver com a questão de saber até onde pode ir a função reparatória do dinheiro numa matéria que toca particularmente a subjectividade. Essa função é susceptível de levar, no extremo, a grandes desigualdades nos montantes indemnizatórios necessários para compensar vítimas de um mesmo tipo de lesão, distinguindo segundo a posição de cada um e a sua sensibilidade ao dinheiro como forma de compensar um prejuízo desse tipo (é mais fácil compensar um pobre do que um rico). Por isso, parece que no ressarcimento dos danos não patrimoniais tem particular relevância o proporcionar uma "satisfação" ou "reparação" do lesado (*Genugtuungsfunktion*), expressão de um pensamento retributivo que não tem sido porventura suficientemente relevado na responsabilidade civil.

Neste domínio é de ponderar a utilização de formas de compensação do lesado alternativas à indemnização (à semelhança do que acontece hoje no direito da responsabilidade internacional do Estado, por exemplo). Combatendo a excessiva mercantilização dos danos não patrimoniais, são de equacionar (apesar de não genericamente previstas) medidas mais adequadas às circunstâncias do que a pura e simples indemnização em dinheiro, aliás nalguns casos inspiráveis no primado da restauração

Cap. II – O Programa e o Conteúdo de "Responsabilidade Civil"   93

natural: pense-se, por exemplo, na condenação do sujeito num pedido formal de desculpas ocorrida uma ofensa ao bom nome (outro exemplo, certamente mais discutível, é o da condenação daquele que infringiu dores físicas a uma criança indigente, a providenciar-lhe uma viagem à Eurodisney ou o acompanhamento a um jogo de futebol dos seus "craques").

23. Sobre o cômputo do dano; fixação concreta ou abstracta do prejuízo e enriquecimento sem causa

Mas além dos problemas postos pelos diferentes tipos de danos, propomo-nos também desenvolver a temática conexa do cômputo do dano. Certo que há o primado da restauração natural, a significar que a ordem jurídica portuguesa leva tão longe a protecção dos bens que privilegia a sua reconstituição em espécie; ao dar-lhe a primazia em relação a outras formas de reparação que, como a indemnizatória (por equivalente), não conduzem à restauração da "ordem natural" dos bens do sujeito manifesta quão importante é a respectiva intangibilidade (na sua como que "formação natural"), que assim se pretende repor. De qualquer modo, matizado aquele primado com o princípio da proporcionalidade – pode haver abuso do direito à reconstituição em espécie por desproporção de exercício –, e reconhecidas as razões práticas que explicam e vulgarizam o recurso à indemnização em dinheiro, importa lembrar que a forma de calcular essa indemnização, aplicando a teoria "mommseniana" da diferença – reconhecidamente na base do art. 566 n.º 2 do Código Civil –, tem limites e não é isenta de dificuldades.

O cômputo do dano deve fazer-se fundamentalmente em concreto, isto é, tendo em conta os prejuízos efectivamente sofridos pelo sujeito. A este cabe, para o efeito, o ónus da prova. Mas nem sempre é fácil demonstrar e quantificar o prejuízo. De todo o modo, ao lesado é consentido invocar aquilo que é o dano típico ou usual nas circunstâncias do caso. Quando assim procede, ainda se move dentro da preocupação de provar o prejuízo concreto sofrido: apenas recorre então a critérios e avaliações comuns do dano (v.g., àquilo que naquela área da actividade comercial ou empresarial é habitual obter-se num certo período). Pretende, no fundo, que o prejuízo concreto que sofreu é o dano (concreto) típico (daquelas situações). Nesse caso, aquele a quem é imputado o prejuízo pode sempre objectar que, nas circunstâncias em causa, a avaliação feita não é correcta, devendo o dano fixar-se num montante inferior ao alegado. O recurso do lesado ao dano típico corresponde portanto a uma facilitação da prova do dano concreto por ele sofrido; não colide com a necessidade dessa demonstração. A sua admissibilidade resulta sempre valorativamente do próprio art. 566 n.° 3.

Na nossa lei há aliás disposições que conferem ao sujeito a possibilidade de ressarcir um dano estimando-o num determinado valor, tido como médio. Assim, o art. 806 n.° 1 fixa o dano moratório nas obrigações pecuniárias de acordo com a taxa dos juros legais. Tal facilita naturalmente a posição do lesado, que recebe da lei um critério expedito para determinar o dano, sem necessidade, por conseguinte, de recorrer a outros elementos. A norma aponta já, entretanto, para uma fixação abstracta do dano: sem dependência do prejuízo efectivamente sofrido, no afloramento de uma função preventivo-sancionatória, uma vez que o credor tem "automaticamente" direito a juros computados dessa forma, sem que à outra parte seja permitido demonstrar a ocorrência de um dano (concreto) inferior. Mas também aqui estamos, de outra perspectiva, perante uma avaliação (típica) do dano concreto, no sentido de que, nalguns casos, o credor pode apesar de tudo provar que sofreu um prejuízo superior (cfr. art. 806 n.° 3). Além de que há uma prevalência dos juros convencionais sobre os juros legais, tidos compreensivelmente, quando existam, como o padrão adequado à determinação do dano (concreto) surgido. Quer dizer: a fixação abstracta do dano nos termos da taxa legal confere uma protecção mínima ao credor; para danos superiores, requere-se a demonstração e a avaliação concreta do dano.

Não se está, portanto, perante uma medição concreta do dano quando o devedor é impedido de demonstrar a existência de um dano inferior ao que resulta dessas regras. Então ultrapassa-se claramente o campo da regra probatória – destinada tão-só a facilitar a demonstração de um facto – para nos situarmos no de uma norma de carácter material-substantivo. Computa-se agora o prejuízo num determinado valor sem atender ao dano concretamente sofrido. Este é, nesse sentido, abstracto. Há razões de prevenção e de "normalização" da vida económica que o explicam. (Falamos da fixação "forfaitária" do dano por via da lei; no âmbito dos contratos há que proceder a outras ponderações[111].)

---

[111] Cfr. em especial, PINTO MONTEIRO, *Cláusulas Limitativas* cit., 159 ss, e *passim*.

Cap. II – O Programa e o Conteúdo de "Responsabilidade Civil" 95

As observações precedentes constituem um enquadramento necessário para discernir as soluções legais em caso de violação de direitos de autor ou de direitos de propriedade industrial como as patentes.

Naturalmente que é indemnizável o dano concreto sofrido com a usurpação desses direitos: comprova-se, por exemplo, que o titular do direito sofreu em consequência disso uma determinada diminuição das vendas ou perdeu a oportunidade de celebração de um contrato de licença por certo valor.

Mas muitas vezes a demonstração do dano concreto não é fácil. O que poderia levar a muitas violações sem sanção suficiente, intoleravelmente. Aliás, os direitos sobre bens imateriais apresentam características específicas que levam a dificuldades da teoria da diferença para computar os danos. Com efeito, a falta de corporeidade do objecto desses direitos faz com que possam ser usufruídos, ao mesmo tempo, em diversos locais. Nem sempre o aproveitamento que alguém faça de um bem imaterial alheio implica a impossibilidade de um exercício concomitante por parte do titular. Assim, enquanto a lesão da propriedade, por isso que envolve uma interferência física no objecto do direito, implica ordinariamente uma restrição para o titular – e o correspondente prejuízo patrimonial –, a violação de um direito de propriedade industrial não a desencadeia (ordinariamente). Esta circunstância leva a um particular recrudescimento da função preventiva da responsabilidade civil na tutela destas posições.

Assim, sem pôr em crise a indemnizabilidade do dano concreto que tenha sido efectivamente comprovado, é defensável advogar-se a concessão ao titular do direito, em caso de infracção, de uma reparação pelo valor objectivo do bem indevidamente usado por outrem, correspondente ao valor da licença de utilização do bem; mesmo sem exigir a demonstração de que esse valor objectivo seria conseguido caso não houvesse violação. E pode ir-se ainda mais longe: conceder-se-lhe mesmo uma indemnização pelo valor realmente obtido através da utilização indevida do direito de exclusivo.

O cômputo do dano através do arbitramento do valor usual de uma licença de utilização permite contornar as dificuldades de prova de um dano efectivo. Harmoniza-se com a dogmática geral da fixação da indemnização, na medida em que esse valor corresponderá ao lucro cessante (médio). Mas já ultrapassa esse campo quando se vedar ao usurpador do direito a demonstração de que o valor da licença não seria obtido pelo titular se não tivesse havido violação. Estaremos no plano do dano abstracto caso, com a não admissibilidade dessa prova, o legislador tenha prosseguido razões preventivas de eficácia da indemnizabilidade dos danos derivados da violação de um direito: cortando pela raiz a possibilidade de alegações com elevado risco de serem infundadas (apesar de objecto de tentativas de demonstração no processo), e permitindo ao titular o ressarcimento de um prejuízo que continua a supor existente.

De outro modo, se o arbitramento do valor usual de uma licença se filia antes na ideia de reconduzir, sempre e em qualquer caso, esse proveito ao titular, como valor que teria de lhe ser pago por uma utilização regular do direito, parece-nos haver uma interferência do instituto do enriquecimento sem causa. Ao ponderar-se que não é justo que o lesante fique numa situação mais vantajosa, provada a violação, do que aquela que lhe assistiria caso tivesse tido que pagar a licença de utilização correspondente, trata-se de remover um lucro ilícito (traduzido em poupança de despesas) e não de arbitrar uma indemnização por um dano sofrido por outrem.

A restituição do lucro efectivamente obtido pelo infractor não é claramente justificável do ponto de vista da indemnização. O quadrante dogmático será antes o do enriquecimento sem causa. Agora, não se torna necessário demonstrar que o lesado, titular do direito, estaria na disposição de dar o direito em licença ou de o utilizar ele próprio. O que conta é que esse lucro pertence, segundo o conteúdo de destinação do direito usurpado, ao seu titular.

As considerações precedentes auxiliarão na análise do conteúdo do art. 211 do Código do Direito de Autor, segundo o qual "para o cálculo da indemnização devida ao autor lesado, atender-se-á sempre à importância da receita resultante do espectáculo ou espectáculos ilicitamente realizados". Do mesmo modo, proceder-se-á a um esforço de concretização do sentido normativo do art. 45 do Acordo sobre os Aspectos dos Direitos de Propriedade Intelectual relacionados com o Comércio, destinado a assegurar uma protecção eficaz e adequada dos direitos de propriedade intelectual (Acordo ADPIC[112]).

---

[112] Publicado no *Diário da República*, de 27 de Dezembro de 1994, I Série.

24. A dissociação entre titularidade do interesse e da posição jurídica; em particular, a liquidação do dano de terceiro

Verifica-se por vezes uma dissociação entre interesse e meio jurídico de tutela: que quem é titular de um interesse que foi atingido, e com isso sofreu um prejuízo, não tem, em princípio, meio de tutela ao seu alcance, e que quem dispõe de um meio de tutela não é dono (pelo menos, exclusivo) do interesse afectado por certo comportamento. Para resolver este tipo de problema surgiram, como criações doutrinais e/ou jurisprudenciais germânicas, as figuras do contrato com eficácia de protecção para terceiros e da liquidação do dano de terceiro.

No contrato com eficácia de protecção para terceiros reconhece-se a um sujeito que não é parte no contrato uma pretensão, que ele em princípio não teria, de ressarcir um prejuízo que sofreu por via da violação da relação obrigacional por aquele contrato instituída. Na liquidação do dano de terceiro, atribui-se àquele que, à luz do contrato, se encontra legitimado para um pedido indemnizatório a possibilidade da reparação de um dano que se produziu na esfera de um terceiro. Em ambos os casos se verifica, como ponto de partida e questão a resolver, uma não coincidência entre a eficácia jurídica e a eficácia social da relação contratual.

Propomo-nos tratar de ambas as figuras, averiguando os termos e limites da sua admissibilidade no direito português. A primeira foi objecto já de desenvolvimento em outras oportunidades[113]. Quanto à segunda, nela se trata de consentir a um sujeito obter o ressarcimento de um prejuízo com que não foi atingido, tendo-o sofrido um terceiro. Ao contrário do contrato com eficácia de protecção para terceiros, em que há interesse, mas existe défice de meio jurídico, agora verifica-se meio jurídico, mas falta interesse. Daqui parece derivar uma precedência da primeira figura em relação à segunda. Só se o prejudicado, ainda que terceiro em relação ao contrato, não dispuser de uma pretensão indemnizatória se deverá permitir a quem é parte no contrato a reparação de um prejuízo que não sofreu pessoalmente.

Numa curiosidade a registar, o caso pioneiro para o desenvolvimento da liquidação do dano de terceiro, ocorrido no início da segunda metade do século XIX, envolveu Portugal: um fabricante de Bremen comprou uma

---

[113] Cfr. em especial *Teoria da Confiança e Responsabilidade Civil* cit., 135 ss.

98   *Direito Civil – Responsabilidade Civil*

certa quantidade de cortiça a um comerciante sediado no Porto. A solicitação e no interesse do comprador, o portuense celebrou com certa firma um contrato de expedição dessa cortiça, por mar, para o Norte da Alemanha. Dado que não era de excluir a possibilidade de ocorrência de gelo no rio Elba, para corresponder o melhor possível ao pedido feito, ficou convencionado com a companhia de navegação que a cortiça poderia ser entregue em Cuxhaven. Aí chegado, o responsável do navio recusou-se porém a fazer a descarga, por temer que as baixas temperaturas que se faziam sentir pudessem afectar uma carga de vinho do Porto que era também transportada. A cortiça foi por isso entregue com muito atraso em Hamburgo, o que provocou graves prejuízos ao comprador. Seguiu-se uma acção de indemnização por danos moratórios intentada pelo comprador contra a transportadora. Esta veio defender-se dizendo que a relação contratual ao abrigo da qual fizera o transporte não era com o comprador, sendo, por outro lado, que a outra parte no seu contrato não tinha sofrido qualquer dano[114]. Fica na berlinda o dogma do interesse do credor, segundo o qual este apenas pode obter a reparação dos danos que ele próprio tenha sofrido.

O litígio descrito é representativo das hipóteses da celebração de contratos por conta de outrem, como o mandato sem representação (fala-se, com alguma impropriedade, de situações de representação indirecta de interesses). A liquidação do dano de terceiro destina-se aqui precisamente a permitir ao mandatário obter a indemnização dos danos sofridos pelo mandante em consequência da violação do contrato que celebrou com o terceiro (por inadimplemento deste). De facto, o mandante não tem acção contra este último. No entanto, o terceiro não deve sair beneficiado pela circunstância de aquele que com ela contratou prosseguir afinal um interesse alheio. De outro modo, o seu inadimplemento do contrato ficaria sem sanção. Está aqui porventura o núcleo mais consistente da figura (que o art. 1181 não logra evitar[115]).

Outras situações para as quais se tem reclamado a figura versam o incumprimento de contratos relativos a coisas celebrados por comodatários, depositários ou outros não proprietários com terceiros (por exemplo, de reparação). No caso de lesão da coisa, pretende-se que o detentor

---

[114] Cfr. *Seuffert's Archiv für Entscheidungen der obersten Gerichte in den deutschen Staaten*, 3. Band, München 1868, 49 ss.

[115] O mandante apenas pode substituir-se ao mandatário no exercício dos direitos deste. Ora, é precisamente o direito do último que está em causa.

Cap. II – O Programa e o Conteúdo de "Responsabilidade Civil" 99

da mesma possa liquidar o prejuízo sofrido pelo proprietário. Objectar-se-á que se o proprietário dispuser de uma acção contra o terceiro, que lhe permita liquidar o prejuízo da lesão da propriedade, a figura é desnecessária. Mas a via delitual nem sempre é satisfatória, particularmente por causa das diferenças de regime em relação à contratual – *v.g.*, probatórias ou de responsabilidade por facto de outrem –, havendo que resolver o problema de dissonância de o comodatário ou depositário ficar, por força dessas regras, em posição melhor do que o proprietário.

Um último grupo de casos tem a ver com a interferência na responsabilidade civil – concretamente no requisito do dano – das regras de distribuição do risco dos contratos. Eles foram particularmente potenciados por especificidades do direito germânico, o qual, considerando o modo de transferência da propriedade que o caracteriza, consente nomeadamente situações em que o comprador fica obrigado à contraprestação antes de se ter tornado titular da coisa. Tal coloca dificuldades na hipótese de destruição ou danificação da coisa pelo transportador contratado pelo vendedor, pois a posição do comprador é, além-Reno, apenas relativa, e o vendedor, por seu turno, não apresenta prejuízo algum por poder reter ou exigir o preço.

Dê-se um outro exemplo, que também desafia a compreensão do direito português: efectuada a compra de uma coisa determinada a entregar em certo destino como local de cumprimento, mas sendo o comprador a agenciar o transporte (ainda que por conta do vendedor), se a coisa vier a perecer durante a viagem por culpa do transportador, o vendedor já não é proprietário pelo que não pode pedir a indemnização da lesão da propriedade. Mas o comprador, apesar de o ser, não sofre aparentemente prejuízo porque fica exonerado da contraprestação.

Todos os casos precedentes apresentam-se complexos e controversos. Adivinha-se facilmente que são colocados à prova a teoria da diferença no que toca ao dano patrimonial, a configuração das diversas situações básicas de responsabilidade extracontratual, a relatividade das obrigações, o *commodum* de representação, o problema da cindibilidade dos direitos sobre coisas para efeito de admissão de acções múltiplas, mas articuladas, de responsabilidade (sem receio de sobrecompensação à custa do devedor), etc. Não admira que a liquidação do dano de terceiro se conte entre os temas mais difíceis e discutíveis da nossa disciplina. Ademais da unidade e das fronteiras da figura, é a sua própria utilidade e justificação que está em causa.

Como demonstram sobretudo os exemplos iniciais, a liquidação do dano de terceiro visa principalmente permitir àquele que está legitimado a pedir uma indemnização a outrem, por incumprimento de um dever principal de prestar ou lateral de conduta, mas não sofreu qualquer dano próprio, a obtenção da reparação de um prejuízo que se encontra deslocado para a esfera de um terceiro. Já que o destinatário final do produto indemnizatório é este último, há algo de semelhante a uma actuação fiduciária do titular formal da indemnização.

Na liquidação do dano de terceiro, ao contrário do que acontece no contrato com eficácia de protecção para terceiros, não se aumenta a responsabilidade do devedor. O facto de se permitir ao credor a liquidação do dano de terceiro não eleva ou multiplica o risco de indemnizar para aquele. Pelo menos quando o dano do terceiro coincide no essencial com o dano esperável na contraparte do contrato. Este apenas se apresenta deslocado para outra esfera jurídica.

Também não se cria, ao invés do que sucede no contrato com eficácia de protecção para terceiros, uma relação especial entre o devedor e o terceiro. Mas aplicam-se regras da responsabilidade contratual em benefício do terceiro. E não há lugar, como no contrato com eficácia de protecção de terceiros, a uma responsabilidade directa do sujeito perante o terceiro; a reparação do prejuízo do terceiro faz-se, indirectamente, através da actuação da posição do credor.

25. Problemas especiais de causalidade; a probabilidade e a possibilidade

Em sentido amplo, é a causalidade que justifica a responsabilização de outrem por um dano ocorrido na esfera jurídica de alguém. Interessa-nos agora, contudo, principalmente o nexo causal que tem de interceder entre o facto responsabilizante (que preenche uma situação de responsabilidade e se há-de poder imputar a um certo sujeito) e os prejuízos que surgem na esfera jurídica de outrem (a chamada *haftungsausfüllende Kausalität*).

A causalidade é produto de uma valoração jurídica[116]. Não obstante, na sua base está ordinariamente o modelo da causalidade das ciências

---

[116] Apenas critérios jurídicos poderão delimitar os danos a imputar: cfr., com ênfase, MENEZES CORDEIRO, *Da Responsabilidade Civil dos Administradores* cit., 547.

Cap. II – O Programa e o Conteúdo de "Responsabilidade Civil"   101

físico-naturalísticas. A orientação por esse modelo inspira e justifica dominantemente a doutrina da responsabilidade civil: quer a responsabilidade civil por factos ilícito-culposos, quer a responsabilidade pelo risco a implicam, pois pressupõem na conduta do sujeito ou na fonte do perigo por ele introduzido ou controlável a aptidão para produzir esse dano de acordo com aquele tipo de causalidade. Este tipo de entendimento da causalidade pode estender-se inclusivamente à chamada "causalidade psíquica", que se aplica aos estados e circunstâncias anímicos dos sujeitos. (Há, nesta, duas áreas emblemáticas a abordar: a dos prejuízos provocados por "choque psicológico" e a das actuações danosas "psicologicamente provocadas".)

Mas esse não é o único entendimento possível. Assim, cabe falar-se de uma outra causalidade que se propõe interpretar a interacção humana, penetrando no sentido específico da opção de agir dos sujeitos e tomando por base a *racionalidade prática* das suas decisões. Esta causalidade da liberdade e, com ela, da autonomia (e dignidade) da pessoa é, a nosso ver, o *fundamento mais profundo da necessidade de reconhecimento da responsabilidade pela confiança*[117].

Retornando no entanto a acepções e propósitos mais comuns do estudo da causalidade, cumpre dizer que o modelo físico-naturalístico tem uma base determinística que coloca dificuldades na resolução de muitos problemas actuais de responsabilidade, em que não é possível (ou dificilmente se pode) estabelecer uma relação inequívoca (desse tipo) entre certo evento responsabilizante e o efeito danoso; os riscos da sociedade pós-industrial multiplicaram-se e os processos causais danosos não são, com enorme frequência, nem singulares nem transparentes.

Este reconhecimento relembra com insistência que a reflexão jurídica da causalidade se encontra permeada por critérios de distribuição dos riscos em sociedade (mesmo se não assumidos explicitamente). O abandono da rígida causalidade *sine qua non* – ainda que permanecendo ela um pressuposto e um limite de outras concepções –, assim como a sua substituição pela teoria da causalidade adequada (formulada positiva ou negativamente) exprimem-no também. Esta última tem sido entretanto muito criticada, concentrando-se hoje as preferências de muitos autores na doutrina do fim de protecção da norma.

Mas exagera-se a importância desta doutrina: se contribui pertinentemente para lembrar que a teoria da causalidade adequada não pode ser

---

[117] Cfr. o nosso *Teoria da Confiança e Responsabilidade Civil* cit., 626 ss.

senão referência de ponderações normativas, ela apresenta-se sobretudo relevante no campo das disposições de protecção e de regras específicas de imputação de danos (autonomamente responsabilizadoras). É aí legítimo pretender que o preenchimento da causalidade constitui um problema de interpretação da norma. Onde, pelo contrário, o intérprete--aplicador tenha de concretizar cláusulas gerais – sirva de exemplo muito relevante a 1.ª parte do art. 483 n.º 1 –, é ficcioso pressupor um fim à norma susceptível de iluminar a aplicação ao caso singular, pois do que se trata então é apenas de ponderar na sua concretização fins e valorações gerais do direito da responsabilidade. Já quanto à utilidade desta teoria no campo dos deveres no tráfico não positivados (e tão-só mediatizados pelo reconhecimento da jurisprudência ou pelo apuramento da doutrina), ela dilui-se em grande medida na tarefa global da justificação da sua aceitação (*in casu* e *ex post* em relação à ocorrência do processo danoso, no caso da doutrina, meramente figurada).

Voltando às dificuldades de estabelecimento do nexo causal – que se fazem por exemplo sentir na responsabilidade médica ou medicamentosa, na responsabilidade por muitos danos ambientais, na responsabilidade por manipulação genética ou na responsabilidade dos fabricantes de tabaco – elas podem resolver-se em parte através de facilitações da prova, admitindo, por exemplo, uma demonstração de primeira aparência. Através desta pode chegar a prescindir-se de uma reconstituição exacta do processo causal quando o efeito prejudicial deriva, segundo as regras gerais da experiência de vida, de uma certa origem. Processos causais típicos segundo essa experiência têm uma regularidade de base empírico--naturalística. O próprio art. 563 do Código Civil se lhe refere na sua formulação.

Outra forma de contornar as dificuldades de prova da causalidade é o estabelecimento de presunções de causalidade, de considerar por exemplo naqueles casos em que a violação de um dever torna praticamente impossível a demonstração da causalidade (exemplo notório é o da recusa do médico ou da entidade hospitalar de apresentar o processo individual do doente, com o registo do diagnóstico e dos tratamentos a ele aplicados).

Mas as presunções de causalidade legislativamente fixadas representam também uma forma de adjudicar certos danos a determinadas esferas de risco. Assim se dá corpo à função preventiva da responsabilidade civil. Será em muitos casos curial sustentar que, ocorrida a violação de um dever e, derivando daí uma elevação do risco de um dano, caiba ao infractor o ónus da prova da demonstração de que a causa do prejuízo

Cap. II – O Programa e o Conteúdo de "Responsabilidade Civil"

verificado foi, afinal, diferente. A natureza do risco e o grau da sua elevação são, para este efeito, importantes. O argumento é aliás geral: pode ser usado mesmo fora do âmbito das presunções legais de causalidade para alicerçar uma inversão do ónus da prova da causalidade.

Estamos perante critérios de imputação de danos de direito material. Eles ultrapassam a mera preocupação processual de "ajudar" a prova do lesado (esta preocupação deve aliás alicerçar-se em ponderações substantivas). Na prática, o pensamento da elevação do risco ou do pôr em perigo bens jurídicos (ilicitamente), acoplado à inversão do ónus da prova da causalidade, auxiliam a resolver o problema da causalidade (que poderá chamar-se) puramente probabilística (ou, talvez melhor, possível)[118].

Para exemplo da actual relevância deste tipo de causalidade, assim como das dificuldades do seu tratamento jurídico, sirva o seguinte: uma central nuclear emite radiações que se sabe elevarem em 10% os riscos de cancro numa determinada área, por certo período de tempo; no entanto, não se pode comprovar quem, entre os residentes nessa área, foi concretamente contaminado[119]. Ora, o grau de probabilidade aqui envolvido encontra-se certamente abaixo do limiar da sua relevância para efeito do art. 563. Por outro lado, se é injusto ilibar de toda a responsabilidade o titular da central nuclear, também não será (porventura) justo fazê-lo responder, atenta a, apesar de tudo, leve elevação do perigo, por todas as doenças daquele tipo ocorridas entre a população em causa. Sem prejuízo de outras soluções impostas por preponderância de considerações preventivas e distributivas do risco do dano, *de iure condendo*, parece que se deveria evoluir para um reconhecimento mais amplo da concessão de uma indemnização de acordo com o grau de verosimilhança do nexo causal (equivalente, no caso figurado, à indemnização da verificação do número de doenças que corresponde à incidência da taxa de 10% sobre a quantidade de cancros habitualmente verificados naquela zona; a indemnização dividir-se-ia depois entre todos os doentes).

Um outro exemplo dá-o o dano conhecido por "perda de chance", praticamente por desbravar entre nós. Entre as suas áreas de relevância

---

[118] Uma certa equivocidade do termo resulta do emprego do advérbio "provavelmente" no art. 563. Como é bom de ver, queremos referir-nos àquela margem de probabilidade (de possibilidade) que se situa aquém do patamar da consideração pelo art. 563.

[119] Exemplo retirado de KÖNDGEN, *Überlegungen zur Fortbildung des Umwelthaftpflichtrechts*, in Umwelt – und Planungsrecht/Zeitschrift für Wissenschaft und Praxis, 1983, 347.

encontra-se a da responsabilidade médica: se o atraso de um diagnóstico correcto diminuiu em 40% as possibilidades de cura do doente, *quid iuris?* Já fora desse âmbito, como resolver também o caso da exclusão de um sujeito a um concurso, privando-o da hipótese de o ganhar? Ainda: se na fase das negociações de um contrato um terceiro acusa infundadamente uma das partes à outra, e esta última se desinteressa depois das negociações, poderá haver responsabilidade pela perda da oportunidade de um contrato (e em que termos)?

Uma das formas de resolver este género de problemas é a de considerar a perda de oportunidade um dano em si, como que antecipando o prejuízo relevante em relação ao dano final (apenas hipotético, *v.g.*, da ausência de cura, da perda do concurso, do malograr das negociações por outros motivos), para cuja ocorrência se não pode asseverar um nexo causal suficiente. Mas então tem de se considerar que a mera possibilidade de uma pessoa se curar, apresentar-se a um concurso ou negociar um contrato consubstancia um bem jurídico tutelável. Se no plano contratual, a perda de oportunidade pode desencadear responsabilidade de acordo com a vontade das partes (que erigiram essa "chance" a bem jurídico protegido pelo contrato), no campo delitual esse caminho é bem mais difícil de trilhar: a primeira alternativa do art. 483 n.º 1 não dá espaço e, fora desse contexto, tudo depende da possibilidade de individualizar a violação de uma norma cujo escopo seja precisamente a salvaguarda da "chance".

Ainda assim, surgem problemas, agora na quantificação do dano, para a qual um juízo de probabilidade se afigura indispensável. Derradeiramente, não podendo ser averiguado o valor exacto dos danos, o tribunal julgará equitativamente dentro dos limites que tiver por provados (cfr. o art. 566 n.º 3).

Outra via a considerar é a de, em nome da função preventiva da responsabilidade civil coligada ao pensamento da imputação do dano àquele que aumentou o perigo da sua ocorrência, inverter o ónus da prova da causalidade e exigir de quem violou o dever a demonstração de que o prejuízo não radicou nela ou de que no caso concreto o dano se teria produzido apesar dessa violação. Assim, é de ponderar, a propósito da responsabilidade médica, em que se lida constantemente com "chances" de cura (ou probabilidades de dano), até que ponto se deve ir no fazer da responsabilidade um incentivo à diligência do médico, obrigando-o a indemnizar danos que não é certo terem ocorrido devido à infracção dos deveres médicos. Em geral, a distinção entre dolo e negligência influirá: o dolo encurta o juízo de responsabilidade e consente uma mais fácil

Cap. II – O Programa e o Conteúdo de "Responsabilidade Civil" 105

imputação do dano (meramente probabilístico). Também por aqui se evidencia o acerto de uma concepção móvel dos pressupostos da responsabilidade civil.

Uma observação final: para mitigar as consequências da causalidade sobre o dano a indemnizar desenvolveram as legislações a possibilidade de arbitrar uma redução da indemnização em caso de mera culpa (cfr. o art. 494), que não pode aplicar-se indiscriminadamente no campo contratual (onde deve confinar-se aos danos subsequentes). Há, em todo o caso, problemas específicos de limitação da causalidade atendível para certos danos ligados a um inadimplemento contratual. Têm de evitar-se desproporções entre a responsabilidade por não cumprimento e as vantagens que a (pontual) execução do contrato visava assegurar ao credor. (É por exemplo injusto que, estando a inauguração de um centro comercial dependente de um conjunto de últimas tarefas, os prejuízos inerentes ao seu cancelamento e ao retardamento da abertura ao público sejam na totalidade atribuídos ao electricista que se deixou dormir e não estabeleceu a ligação eléctrica no dia aprazado: o titular do centro comercial não pode pretender alijar desse modo sobre esse devedor os riscos da sua actividade empresarial.) Estes problemas, ainda muito por esclarecer entre nós, merecem também o devido destaque[120].

26. Outras rubricas do programa: a pluralidade de sujeitos

Entre os temas a desenvolver numa disciplina de formação avançada como a presente deve contar-se o da pluralidade de sujeitos. Há, por um lado, que considerar o lado activo da relação de responsabilidade. Os comportamentos danosos podem afectar uma multiplicidade de pessoas. Merecer-nos-á particular atenção a tutela dos interesses individuais homogéneos, colectivos e difusos (*stricto sensu*), e a disciplina da acção popular[121]. Focar-se-ão sobretudo os aspectos substantivos, mas não se esquecerão as soluções processuais envolvidas.

São entretanto de relevar também os problemas postos pela interferência de vários sujeitos na produção do facto danoso – situação hoje

---

[120] Sobre eles, cfr. alguns subsídios no nosso *Teoria da Confiança e Responsabilidade Civil* cit., 309 ss.

[121] A matéria conta hoje, entre nós, com a obra de referência de MIGUEL TEIXEIRA DE SOUSA, *A Legitimidade Popular na Tutela dos Interesses Difusos*, Lisboa, 2003.

106 Direito Civil – Responsabilidade Civil

potenciada pelas condições técnicas e pela diferenciação de desempenhos humanos na sociedade contemporânea –, que se deixa documentar com facilidade em domínios como a responsabilidade ambiental, medicamentosa, etc. Quando qualquer um deles realiza por si só, de modo pleno, uma previsão de responsabilidade, nenhum problema especial se levanta. Resulta daí para o lesado a possibilidade de demandar quem quiser que se encontre nessa circunstância.

Mas nem sempre assim ocorre, pois é muitas vezes incerto o contributo que a conduta de um sujeito deu para o dano, apesar da ligação que ele apresenta com o facto que levou ao prejuízo. Nestes casos ganha relevo autónomo o disposto no art. 490, que estabelece a responsabilidade conjunta dos autores, instigadores ou auxiliares do acto ilícito. Embora possa não se deixar averiguar então com exactidão se e em que medida o dano é reconduzível a algum deles, o preceito permite uma imputação a qualquer um na base de uma causalidade meramente provável ou possível[122].

Por aqui se observa manifestar o art. 490 um critério de justiça que vai além do consagrado naquelas previsões de responsabilidade civil que não diferenciam as diversas formas de comparticipação do ilícito (por exemplo, desde logo, o art. 483 n.º 1). Aquele preceito obvia à iniquidade de se voltar contra o lesado uma situação de falta de esclarecimento sobre a causalidade da acção de qualquer um dos sujeitos abrangidos em relação ao dano produzido que é, em rigor, imputável (no seu surgimento) precisamente ao intuito de comparticipação que os sujeitos tiveram quanto à prática do facto danoso.

Um outro ponto de relevo do art. 490 diz respeito à extensão da responsabilidade que ele consagra por referência aos actos responsabilizadores que só possam ser praticados por sujeitos que incorram pessoalmente em circunstâncias determinadas (o que será, sobretudo, o caso de muitas disposições de protecção cuja infracção é delitualmente relevante nos termos do art. 483 n.º 1, 2.ª alternativa). O reconhecimento deste tipo de actos justifica a regra da parciariedade na responsabilidade contratual, assinalando de igual modo os seus limites[123]. Ao mesmo tempo, abre um muito interessante campo de análise para a compreensão do

---

[122] Cfr., entre outros, LARENZ/CANARIS, *Lehrbuch des Schuldrechts*, II/2, München, 1994, 571.

[123] Cfr. o nosso *Teoria da Confiança e Responsabilidade Civil* cit., 295 ss (e ns. 275, 276 e 277).

Cap. II – O Programa e o Conteúdo de "Responsabilidade Civil" 107

problema da responsabilidade de terceiro pela violação do crédito ou, ainda, pela infracção de meros deveres de comportamento (não delituais). Importa naturalmente atender então à diversidade das ordens de responsabilidade que, para o efeito, se convocam; ao direito delitual parece ser de assinalar uma função genérica de protecção das ordens disciplinadoras da interacção, nomeadamente a contratual[124].

Impõe-se, no conjunto, um estudo das diversas formas de comparticipação na prática do ilícito. Requerer-se-á, em princípio, o dolo. O recurso aos quadros do direito penal é evidentemente necessário, embora não deva nem possa absolutizar-se, atenta a distinção entre a responsabilidade civil e criminal. Especial atenção merecem as especificidades do direito civil.

O estabelecimento de uma pluralidade de responsáveis ao abrigo do art. 490 tem como consequência a solidariedade entre eles, num afloramento da eficácia preventiva da responsabilidade civil: sem prejuízo do respectivo direito de regresso, todos respondem de igual modo perante o lesado, que assim se vê protegido de riscos como a insolvência de um deles (cfr. o art. 497).

O art. 490 tem, no entanto, os seus limites. Nesse contexto justifica-se uma menção ao problema da causalidade alternativa, na qual, sem que se verifiquem os pressupostos da comparticipação (do art. 490), é possível asseverar que o causador do dano é um de entre certo número (limitado) de sujeitos, mas não se consegue identificar com precisão a sua identidade. Por exemplo, sabe-se que o medicamento foi comercializado por diversas empresas farmacêuticas, mas não se apura qual delas pôs o concreto frasco em circulação, com isso provocando lesões a um certo sujeito.

O § 830, I, 2, do BGB permite a responsabilidade (integral) de cada um dos envolvidos na conduta potenciadora do dano. Outra possibilidade, já trilhada nos Estados Unidos para responder justamente ao problema referido da comercialização de medicamentos prejudiciais – e logo intuitivamente muito feliz –, é condenar todos os virtuais responsáveis segundo a quota do mercado que detinham à data da ocorrência do facto responsabilizador. Nenhuma destas soluções mereceu, a título geral, acolhimento entre nós. Há que o repensar com decisão[125]. (A matéria complica-se se

---

[124] Alguns elementos no nosso *Teoria da Confiança e Responsabilidade Civil* cit., 155 ss (ns. 114 e 115).

[125] Louvável, dado ajudar a colmatar uma necessidade jurídica evidente, é a defesa por CALVÃO DA SILVA, no campo precisamente da responsabilidade (objectiva) do produtor,

existe também uma pluralidade de lesados e não se sabe qual dos concretos prejudicados adquiriu de quem o medicamento.)

27. (*cont.*) A culpa do lesado, a modelação convencional da responsabilidade civil e a tutela preventiva de bens jurídicos protegidos

A culpa do lesado é outro tópico do programa a desenvolver. O princípio da auto-responsabilidade dos sujeitos conduz a que se levem em conta os danos ocasionados ou agravados por uma conduta consciente e livre do lesado, ou provindos da sua esfera de vida. Tal implica uma compreensão adequada da causalidade, assim como um entendimento apropriado da culpa. Importa emanciparmo-nos de um conceito de culpa verdadeiro e próprio. Deverá focar-se igualmente a articulação do art. 570 com o art. 494 – inspirado numa ideia de proporcionalidade –, a conexão com o desenvolvimento dos seguros e da actividade seguradora, e desenvolver-se, *inter alia*, o problema da tutela do inimputável lesado, o regime de favor que merecem os trabalhadores em sede de acidentes de trabalho ou a colaboração pós-danosa. Ao mesmo tempo merece específica atenção a configuração e o papel da culpa do lesado no campo contratual e no das demais relações especiais[126].

No que respeita à modelação convencional do direito à indemnização, devem ser objecto de estudo, sobretudo, as cláusulas limitativas e de exclusão da responsabilidade civil, por um lado, e, por outro, a cláusula penal[127]. Ensina a experiência que, ao contrário do sinal, estas matérias dificilmente podem ser tratadas com a devida detenção na disciplina de Direito das Obrigações. Corresponde-lhes também um importante sector do direito dos contratos.

---

de uma lacuna no nosso sistema jurídico, a integrar pela legitimação de um critério de probabilidade de o demandado ser o causador do dano (cfr. *Responsabilidade Civil do Produtor* cit., 579 ss).

[126] Cingido embora ao sector dito da imputação do dano extracontratual, cfr., para as perspectivações da culpa do lesado mais recentes e controversas, em especial, BRANDÃO PROENÇA, *A Conduta do Lesado* cit., *passim*.

[127] Essenciais as duas obras de PINTO MONTEIRO, respectivamente, *Cláusulas Limitativas e de Exclusão da Responsabilidade Civil*, Coimbra, 1985, e *Cláusula Penal e Indemnização*, Coimbra, 1990.

Em todo o caso, propomo-nos alargar duplamente a perspectiva de análise: por um lado, considerar as condições e os limites da modelação, não apenas da obrigação de indemnizar, como dos pressupostos da responsabilidade em geral; por outro lado, resolver este problema no âmbito das "responsabilidades intermédias", das ligações especiais traduzidas na presença de simples deveres laterais de conduta e na responsabilidade pela confiança[128]. Dar-se-á ainda destaque à temática das penas privadas não contratuais.

Quanto ao concurso de responsabilidades, ele apresenta diversas configurações consoante as modalidades de responsabilidade envolvidas. O tema revela dificuldades de construção acentuadas[129], ao mesmo tempo que se reveste de relevância prática tendo presentes as diferenças de regime entre aquelas modalidades. No direito civil, deve começar por se abordar tendo por pano de fundo o confronto entre a responsabilidade aquiliana e contratual, sendo que as conclusões a este propósito permitem também ilações, naturalmente de maior complexidade, quanto ao concurso entre responsabilidade aquiliana e a responsabilidade por violação de deveres emergentes de relações especiais, ainda que não contratuais (e sem esquecer o concurso com a responsabilidade pela confiança). São de sujeitar a análise crítica as conhecidas teorias da consumpção, da opção (ou alternatividade) e da cumulação. Mas não deve olvidar-se que o juízo de responsabilidade deve, no final, compatibilizar adequadamente (integrando numa unidade) as valorações aplicáveis ao caso singular à luz dos diversos sistemas de normas de responsabilidade envolvidos.

O último ponto a abordar é o do desenvolvimento do sentido das normas de responsabilidade civil, destinadas à protecção de bens jurídicos, em direcção a uma tutela desses bens que intervenha *ex ante*, perante a mera ameaça de violação de uma posição jurídica, ou também removendo situações perduráveis de lesão. Há o modelo das acções possessórias (art. 1276) e uma previsão em sede de direitos de personalidade (cfr. o art. 70 n.º 2). Mas a tutela preventiva não se deve confinar a esses casos. O passo implica uma emancipação do escopo preventivo da res-

---

[128] Algo ensaiámos já neste domínio: cfr. *Teoria da Confiança e Responsabilidade Civil* cit., 323 ss, 441 (n. 453), 464 ss.

[129] Discutidas e manifestadas na monografia de MIGUEL TEIXEIRA DE SOUSA, *O Concurso de Títulos de Aquisição da Prestação/Estudo sobre a dogmática da pretensão e do concurso de pretensões*, Coimbra 1988, cit., *passim*.

110 Direito Civil – Responsabilidade Civil

ponsabilidade civil; assim como lançar uma ponte para abarcar o domínio existente entre tais normas e a acção directa.

A acção em causa redunda numa intimação a não perpetrar uma lesão ou a afastar uma fonte de perigo. Daí a justificação da designação de "protecção defensiva" ou, ainda hoje, de *actio negatoria*. Parece que ela não é dependente da verificação de todos os pressupostos da responsabilidade civil, como se demonstra paradigmaticamente com a desnecessidade da culpa. Tal traduz uma objectivação da tutela, evidenciando uma certa aproximação destes meios preventivos da responsabilidade pelo risco.

Esta conexão sublinha-se ainda se se admitir que a providência pode ser requerida, não apenas contra aquele que desenvolveu já uma conduta lesiva de bens jurídicos ou se dispõe a adoptá-la no futuro, mas ainda, por exemplo – pense-se nas relações de vizinhança –, contra quem tem a responsabilidade da coisa da qual fluem os perigos (cabe em regra ao proprietário o pleno domínio dela, pelo que ele deve arcar também com a responsabilidade pelo respectivo estado, potencialmente danoso[130]). Tudo é vigiado pelo princípio da proporcionalidade. No plano das consequências jurídicas, importa ponderar os custos da remoção do perigo para o potencial infractor, atendendo a que a lei também exclui a reconstituição natural se ela for excessivamente onerosa para o devedor (cfr. o art. 566 n.º 1).

B) *Responsabilidades Especiais*

A segunda parte do curso é dedicada a responsabilidades recortadas segundo os sectores da realidade em que intervêm. São especiais, ou porque se estruturam predominantemente em torno de disposições específicas, ou já que representam concretizações e desenvolvimentos particulares de normas e princípios gerais de responsabilidade. Entre outras que poderiam evidentemente ser seleccionadas, as diferentes rubricas a seguir apresentadas permitem exemplificá-lo.

---

[130] Pertence a EDUARD PICKER (*Der negatorische Anspruch*, Berlin, 1972) o desenvolvimento desta via de fundamentação do tipo de tutela de que tratamos, que é perspectivada, em estreita ligação com o estatuto dos direitos reais, como consequência da usurpação por um sujeito de direitos de propriedade alheios (ao fazê-los perigar). Para a crítica a semelhante visão, demasiado restritiva e que desloca esta problemática para a órbita dos direitos reais (apesar de a considerar um "brilhante esforço dogmático"), LARENZ/CANARIS, *Lehrbuch des Schuldrechts*, II/2, München, 1994, 695-696.

Agora a descrição dos conteúdos pode ser mais sucinta, pois, pela natureza especial de que se revestem estas imputações de danos, eles não são em regra versados nas cadeiras do tronco comum. Não urge portanto, como nestes, justificar uma cadeira opcional que os aborde.

Atentas as limitações do tempo de leccionação, optou-se, designadamente, por sacrificar nesta parte a relevante matéria da responsabilidade do produtor, que é frequentemente ensinada em Direito das Obrigações como responsabilidade (objectiva) especial[131]. Sem prejuízo do interesse que é de sublinhar ter, *inter alia*, o confronto e a compreensão articulada do respectivo regime jurídico com a responsabilidade pela venda de bens de consumo, após o estabelecimento, pelo Decreto-Lei n.º 67/2003, de 8 de Abril, da possibilidade de o adquirente demandar directamente o respectivo fabricante pela não conformidade da coisa.

Por razões de proximidade ou semelhança, não se desenvolverá também o tema da responsabilidade por vírus informático.

28. Responsabilidade legal pelo prospecto

A responsabilidade pelo prospecto proporciona uma forma de controlo privado e descentralizado das exigências de informação que se fazem sentir no mercado de valores mobiliários, especificamente regulada no Código dos Valores Mobiliários[132]. Situada embora no contexto de outras formas de assegurar o cumprimento dessas exigências – "administrativas", através dos poderes e âmbito de actuação da CMVM, "societárias", quando a sanção é de direito societário, e penais ou contra-ordenacionais, estas últimas susceptíveis aliás de relevar também para efeito de responsabilidade civil (por violação de disposições de protecção) – a centralidade da responsabilidade "legal" por prospecto deriva da quantidade e amplitude de normas respeitantes à informação cuja violação é sancionada por ela. Para descrever o âmbito desta responsabilidade especial, justifica-se assim um périplo pelo Código em causa, quer no que toca ao tratamento em geral da informação, quer para tomar conhecimento das situações específicas de dever de informar.

---

[131] O seu estudo pode fazer-se entre nós, proficientemente, através da obra de Calvão da Silva, *Responsabilidade Civil do Produtor* cit.

[132] Os preceitos a seguir indicados são, salvo indicação em contrário, do Código dos Valores Mobiliários.

São de distinguir as hipóteses de obrigatoriedade da informação das da informação voluntária ou espontaneamente prestada. Uma especial atenção merece a discriminação entre a relativa à ocorrência de certos factos passados ou presentes (*Tatsachenbehauptungen*) e aquela que diz respeito às ilações que deles se retiram (*Werturteile*). No mercado dos valores mobiliários assume grande importância a responsabilidade pela previsão. A característica publicitária, que se faz sentir com autonomia fora do âmbito do prospecto obrigatório (onde a liberdade de conformação do conteúdo do prospecto é muito limitada), proporciona uma interessante conexão dogmática com a responsabilidade por mensagens publicitárias.

A previsão representa um tipo de informação – como toda esta, uma declaração de ciência – que se reporta ao futuro, sendo, nesse sentido, prospectiva. Para uma imputação dos danos deve distinguir-se entre a deficiência da base da previsão e a deficiência da ilação propriamente dita. No primeiro caso, requere-se, em princípio, a demonstração de uma infracção do dever de averiguação, ou então do controlo da exactidão de certos elementos disponibilizados por outrem. Já se a causa da não verificação da previsão está numa inadequada ponderação desses elementos, a responsabilidade alicerça-se numa valoração incongruente ou que viola as "leis da arte" relevantes; pela própria natureza das coisas, só se afirma ultrapassados concludentemente os limites de plausibilidade da prognose feita.

É muito questionável que a regulamentação legal da responsabilidade por prospecto corresponda a um instituto novo. Terá havido por parte do legislador a intenção principal de estabelecer, com pragmatismo, um conjunto de regras de responsabilidade minimamente capazes de conferir credibilidade, operacionalidade, certeza e justiça ao mercado de valores mobiliários. As incompletudes e indeterminações da disciplina da lei exigem, no entanto, por isso mesmo, um trabalho de enquadramento dogmático que não deve ser subvalorizado[133].

Mas há-de precedê-lo o estudo e a análise em pormenor do regime legal. Atento o disposto no art. 149, a situação de responsabilidade essencial

---

[133] No qual se revelam aliás, algumas incongruências. Não se desenvolverão as hipóteses de configuração dogmática: remete-se, quanto a este aspecto, para o nosso *Teoria da Confiança e Responsabilidade Civil* cit., por exemplo, 180 ss, 392 n. 399, 686, e n. 745, 644 n. 695, 750 n. 829.

Cap. II – O Programa e o Conteúdo de "Responsabilidade Civil"   113

resulta da desconformidade do prospecto com os princípios do art. 135, que contém para tal um critério de aferição centrado nos interesses individuais e não nos do mercado. A imputação é, basicamente, por culpa presumida – inclui-se na expressão da lei a causalidade fundamentante e a ilicitude –, atingindo um conjunto muito amplo de sujeitos: o oferente; os titulares do seu órgão de administração; o emitente; os titulares do seu órgão de administração; os promotores, no caso de oferta de subscrição para a constituição de sociedade; os titulares do órgão de fiscalização; as sociedades de revisores oficiais de contas, os revisores oficiais de contas e outras pessoas que tenham certificado ou, de qualquer outro modo, apreciado os documentos de prestação de contas em que o prospecto se baseia; os intermediários financeiros encarregados da assistência à oferta; as demais pessoas que aceitem ser nomeadas no prospecto como responsáveis por qualquer informação, previsão ou estudo que nele se inclua. Além disso, há que contar com a imputação objectiva do art. 150 (ultrapassando o espaço da imputação orgânica à pessoa colectiva e utilizando uma técnica não coincidente com a do art. 165 e do art. 500 do Código Civil).

O estabelecimento da regra da solidariedade dos responsáveis pelo art. 151 não elimina o problema de saber em que medida cada um deles é chamado a responder. Há um ligame de responsabilidade, que torna eficiente e, ou, reforça a tutela do lesado, mas os sujeitos não respondem todos pela violação dos mesmos deveres, nem, derradeiramente, de forma igual pelo dano.

Não tem sido explorada entre nós esta vertente. O oferente ou o emitente são os únicos responsáveis pelas qualidades e características anunciadas para o valor mobiliário, numa posição análoga à do produtor. Só em relação a eles se pode pensar numa responsabilidade de tipo contratual ou negocial de garantia das qualidades.

Prevê-se, por outro lado, a responsabilidade pessoal (directa) dos titulares dos órgãos sociais do oferente ou do emitente, mas, curiosamente, omitiu-se a de quem, pelo domínio fundamental que exerce sobre a sociedade, eventualmente determinou a situação geradora de responsabilidade. Aquela responsabilidade dos titulares de órgãos não se encontra, por outro lado, articulada com a regulamentação geral dos arts. 78 e 79 do Código das Sociedades Comerciais. O confronto aponta para um privilégio, muito discutível, dos investidores do mercado de valores mobiliários em relação a credores, clientes ou consumidores da generalidade das sociedades, o que constitui um exemplo acabado para a importância de aprofundar sempre as grandes conexões sistemáticas de uma regulamentação. É particularmente de abordar a relação da tutela do consumidor com a disciplina legal agora objecto de estudo.

Numa visão de conjunto, as diversas categorias de sujeitos imputáveis segundo o art. 149 respondem em diferente escala. A pluralidade de responsáveis significa a instituição de um sistema de controlo múltiplo do conteúdo do prospecto para protecção do investidor. Claro que só é "totalmente" responsável o emitente ou oferente; os demais apenas o são no âmbito dos deveres específicos que lhes estão assinalados de acordo com o recorte funcional do seu desempenho. A especialização inerente à diferenciação significa também uma desresponsabilização por aquilo que não cabe a um sujeito fazer.

Outros aspectos do regime legal devem merecer também atenção. Registe-se, por exemplo, o favorecimento da causalidade entre o facto e o dano que o n.º 3 do art. 149 propicia, os problemas da aplicação do art. 152 (referente, em geral, à indemnização e à causalidade entre o facto responsabilizante e o dano), a correcta opção, nesta sede, pela indemnização do *out of the pocket loss* (em contraponto ao dano correspondente à não verificação do que foi anunciado no prospecto), que equivale ao dano patrimonial puro do "interesse negativo", ou o exagero da injuntividade da disciplina legal da responsabilidade por prospecto (art. 154), que nem sequer consente um afastamento em benefício do investidor.

29. Responsabilidade médica e hospitalar

A responsabilidade médica exemplifica, no presente programa, a vasta área das responsabilidades profissionais. O seu extraordinário desenvolvimento deve-se, entre outros factores, quer à crescente valorização da vida e da saúde e à cada vez menor tolerância do sofrimento que vai acompanhando os progressos da medicina, quer à menor distância sociocultural entre pacientes e médicos. Mas não é senão um sector do vasto campo em que a saúde e o carácter biológico do homem interferem com a responsabilidade, porque nele se incluem, entre outras, a responsabilidade de enfermeiros ou técnicos de saúde, ou mesmo a responsabilidade medicamentosa. Com elas se mescla, em maior ou menor medida, a responsabilidade hospitalar, que deve merecer também atenção no nosso contexto.

A abordagem do tema reflecte estruturações conhecidas do direito da responsabilidade. Desde logo a que distingue a responsabilidade contratual da aquiliana (aqui, particularmente, na veste dos deveres do tráfico), pondo por exemplo à prova a clássica teoria da formação do contrato mediante proposta e aceitação (ainda que na modalidade de oferta ao público) para enquadrar a responsabilidade (designadamente dos hospitais).

Por outro lado, na responsabilidade hospitalar repercute-se, em particular, a diferenciação entre o regime do direito comum e o da responsabilidade do Estado (por actos de gestão pública, no âmbito do serviço nacional de saúde). Deve pugnar-se por impedir ou eliminar dualidades infundadas de disciplina de realidades substancialmente iguais.

Não se crê, todavia, que seja bom caminho anular a diferença entre a responsabilidade contratual e a extracontratual nesta matéria. Dir-se-á que o acto médico é idêntico substancialmente, onde e como quer que seja praticado. Contudo, a presença de um contrato – e a tendência será, em muitos sectores dos cuidados de saúde, para uma sua cada vez maior contratualização – impõe padrões de aferição das exigências postas ao exercício médico que não podem ser ignoradas. Às partes cabe a possibilidade de avaliar os seus interesses e convencionar um conteúdo contratual que as sirva. O dano relevante reflectirá isso mesmo. Já na responsabilidade *ex delicto* é antes determinante a ofensa a um bem jurídico (avaliado *ex post*, quanto à existência e à configuração).

É verdade que o panorama se apresenta hoje complexo. Se continua a presenciar-se (e a desejar-se) o estabelecimento de relações médico-doente com forte cunho pessoal, por outro lado, a massificação e a estruturação da saúde para abranger faixas numerosas de população tem levado também a uma crescente fungibilidade dos médicos e do seu desempenho, que se traduz numa objectivação da relação do doente com o hospital ou a clínica que o trata. E se o carácter pessoal da relação não constitui, por si só, um entrave à responsabilidade, nem desloca o respectivo limiar, aquele segundo fenómeno conduz a uma objectivação também da diligência exigível.

Nesta está uma pedra-de-toque da responsabilidade por acto médico, que é, essencialmente, uma responsabilidade subjectiva, pela violação de deveres de meios. A destrinça entre as modalidades da culpa é relevante para efeito, por exemplo, da moderação do *quantum respondeatur* (art. 494). A negligência resulta de uma ofensa ao padrão de conduta profissional de um médico satisfatoriamente competente, prudente, e informado. As rotinas médicas e as *leges artis* auxiliam à concretização.

O juízo correspondente deve ser temporalmente referido: além de não ser uma ciência exacta, a medicina está sujeita a um processo de evolução e aperfeiçoamento permanentes.

Nesse juízo há que excluir exageros: a afirmação excessiva de uma responsabilidade por negligência estimula ou induz a um exercício defensivo da medicina, que a todos prejudica. Por outro lado, a manutenção da responsabilidade médica como subjectiva assegura-lhe uma eficácia preventiva, orientadora dos comportamentos dos sujeitos, que uma objectivação (no sentido de uma responsabilidade pelo risco) poderia corroer perigosamente (em caso de transferibilidade do dano através de um seguro profissional).

A disciplina da causalidade e respectiva prova é um ponto nevrálgico da responsabilidade médica, derivada, recorde-se, da violação de uma obrigação de meios. Consoante os casos, são de admitir – naturalmente em graus e medidas diversos – facilitações de prova (prova *prima facie*) e inversões do ónus da prova em benefício do lesado, susceptíveis de abranger a causalidade fundamentante da responsabilidade, a ilicitude e a culpa, mas abarcando ainda, em função do grau de elevação do perigo produzido, o próprio nexo entre o facto responsabilizador e o dano sofrido pelo paciente. Aplicam-se aqui, *mutatis mutandis*, algumas considerações acima feitas. Mas, sem prejuízo da susceptibilidade de recurso ao art. 493 n.º 1 quanto à presunção de culpa daquele que detém equipamentos técnicos de diagnóstico ou cura com a obrigação de os vigiar, não deve considerar-se a actividade médica uma actividade perigosa para efeitos do n.º 2 do aludido preceito. O esclarecimento do processo causal é potenciado pelo reconhecimento da obrigatoriedade de o médico, se solicitado, disponibilizar a documentação clínica respeitante a cada doente.

A responsabilidade médica representa ainda um campo de eleição da problemática da causalidade probabilística e do dano da perda de uma "oportunidade", já acima abordados. Merece também aprofundamento a culpa do lesado (do doente que, *v.g.*, se não sujeitou a um tratamento).

De grande relevo para efeito da determinação da responsabilidade do médico são os direitos do paciente, que carecem de ser respeitados. Importa abordar designadamente os requisitos do consentimento informado, os limites da sua exigibilidade e o problema da prestação antecipada do consentimento. A necessidade de prestar a informação adequada resulta da assimetria de conhecimento normalmente existente entre paciente e médico e é pressuposto de um correcto exercício da autodeterminação deste.

O consentimento introduz uma "tonalidade contratual" na relação médico-doente que não deve menosprezar-se. Ele leva à utilidade dogmática dos deveres de protecção, mesmo não se tendo celebrado um contrato (válido) de prestação de serviço médico. A aquiescência não elimina a responsabilidade do médico; surge como exercício de um direito de personalidade que o médico deve respeitar.

Não lhe será lícito opor-se à vontade real do sujeito, que prevalece sobre a avaliação do interesse do doente feita pelo médico. A absolutidade da vida e da saúde só o é no respeito que tem de merecer a terceiros, mas a vontade de relativização que possa merecer ao sujeito por razões diversas (*v.g.*, no controverso caso das transfusões de sangue de testemunhas de Jeová, ou na doação de um órgão a um familiar) deve ser atendida como emanação, ainda, da tutela da personalidade (impondo, por exemplo, o respeito da liberdade da consciência ou de culto). Nestes casos, importa todavia discutir os limites da legitimidade de um sacrifício da saúde de menores por acto dos seus representantes. Quando a vontade real não é conhecida nem cognoscível, o médico deverá ater-se, em caso de urgência, à vontade presumível e ao interesse do paciente[134]. Atenda-se ao disposto no art. 340 n.º 3.

Controversa é a repartição de responsabilidades no seio de uma equipa médica ou cirúrgica. Ordinariamente, o cirurgião responderá pelos actos do pessoal auxiliar (enfermeiros, instrumentistas), nos termos do art. 800, mas é discutível que o mesmo valha para o anestesista ou outros especialistas que intervenham em relação de paridade com ele. No entanto, parece em muitos casos aceitável que lhe possam ser imputados os danos que não se sabe por quem da sua equipa foram provocados.

Considerando agora especificamente a responsabilidade hospitalar, são de grande relevo os deveres do titular do estabelecimento de saúde relativos aos recursos humanos de que se serve (médicos, enfermeiros, pessoal auxiliar), que incluem os tradicionais deveres *in eligendo*, *in instruendo* e *in vigilando*, os deveres respeitantes aos equipamentos e meios de cura disponibilizados, os de higiene e conforto dos doentes, etc., cuja violação pode ser fonte de responsabilidade. Joga-se aqui, com ênfase, a vertente organizacional, atento o dever de coordenar e planear correctamente a prestação dos serviços médicos (que, quando não é cum-

---

[134] Quanto às consequências e enquadramento da intervenção médica não autorizada, cfr. Sinde Monteiro, *Responsabilidade por Conselhos* cit., 272 ss.

prido, pode ser tão ou mais gravoso como um acto médico defeituoso). A intervenção da doutrina da culpa de organização alarga o campo da responsabilidade e facilita a tutela dos lesados. De um modo geral, atentas as múltiplas vertentes por que se desdobra a responsabilidade hospitalar, ela merece ser confrontada com as preocupações da tutela do consumidor. De abordar ainda neste contexto é o âmbito da responsabilidade pessoal dos médicos ligados por uma relação de subordinação hierárquica.

Conexa com estas responsabilidades, mas autonomizável, encontra-se a referente à investigação biomédica, que, sendo muitas vezes consentida por doentes sem esperança, justifica uma abordagem particular.

30. Responsabilidade civil dos administradores e os deveres de "boa governação" das sociedades

A escolha deste tema prende-se com a crescente relevância da responsabilidade civil como meio de tutela das relações que se polarizam em torno da actividade das sociedades comerciais, particularmente enquanto contrapeso aos poderes das administrações e forma de controlo do respectivo exercício. Na responsabilidade civil dos administradores se refracciona hoje o novel campo do aprofundamento das exigências colocadas a uma correcta governação das sociedades, com a tendência – transnacional – para a sedimentação de "códigos" ou o estabelecimento de princípios de boa governação de sociedades (*corporate governance*).

O Código das Sociedades Comerciais dispõe de um conjunto relativamente extenso de normas que regulam diferenciadamente os vectores em que se desdobra essa responsabilidade: perante a sociedade, perante os sócios, perante credores ou perante terceiros (cfr. os arts. 71 e seguintes).

Contudo, estão em muitos aspectos por desbravar as potencialidades dessas regras. Não só devido a incertezas quanto à sua interpretação, mas sobretudo porque a construção do facto responsabilizador (da administração e dos seus membros) se tem revelado em vários campos delicada e insegura, atentas as dificuldades de concretização dos padrões de diligência por referência aos quais se apura a responsabilidade.

Num apanhado breve, a responsabilidade dos administradores depende de um facto ilícito e culposo, que desrespeita, ora deveres contratuais dos administradores, ora deveres legais ou disposições de protecção, ora, directamente, posições e interesses delitualmente protegidos. Beneficiam da responsabilidade a sociedade, os sócios, credores ou outros

Cap. II – O Programa e o Conteúdo de "Responsabilidade Civil"   119

terceiros, em moldes diversos e com formas de tutela distintas. Noutro local se abordaram já algumas estruturações dogmáticas principais que percorrem a matéria. Para aí se remete[135].

Observar-se-á agora que é central a norma do art. 64 do Código das Sociedades Comerciais: "Os gerentes, administradores ou directores de uma sociedade devem actuar com a diligência de um gestor criterioso e ordenado, no interesse da sociedade, tendo em conta os interesses dos sócios e dos trabalhadores." Do ponto de vista técnico, a sua importância resulta de ser chamada a preencher e completar diversas outras regras que – essas sim – cominam a responsabilidade, sem todavia lhe estabelecerem completamente os pressupostos. (Nessa medida está-se perante proposições normativas incompletas.) Cremos que o art. 64 contém um critério, não apenas de culpa, mas, desde logo, de *ilicitude*. A diligência de um gestor criterioso e ordenado é um padrão abstracto e genérico da conduta, estabelecido por aquilo que é em média exigível de quem administra, e, por isso, independente de saber se o concreto gerente ou administrador podia em certa situação específica observá-lo, em termos de ser susceptível, se o não fez, de uma censura pessoal.

A amplitude, o grau de indeterminação do conteúdo normativo do art. 64, derivados dos conceitos que emprega, e, por sobre isso, as dificuldades compreensíveis de articular e conciliar entre si os vários interesses a atender na administração da sociedade, levou alguma doutrina a relegá-lo ao papel de pura norma de enquadramento, sem consequências jurídicas próprias. A responsabilidade acabaria por requerer a infracção de normas específicas atinentes à administração, legais ou contratuais[136].

Pensamos todavia de forma diferente. Cremos mesmo que a desenvolução paulatina de um conteúdo actual e operativo dessa regra, segundo situações-tipo, é o caminho jurídico apropriado para responder às aludidas exigências de uma correcta governação das sociedades. Quando se discutem critérios de articulação de competências e harmonização de desempenhos entre órgãos sociais – *v.g.*, conselho fiscal e administração –, ou então se se debate a existência de justa causa para a destituição dos administradores, está-se normalmente a aprofundar o

---

[135] Cfr. o nosso *Teoria da Confiança e Responsabilidade Civil* cit., 172 ss, n. 121, 255 n. 231 e 278 ss, n. 260.

[136] Se bem interpretamos, é esta a tendência de MENEZES CORDEIRO, *Da Responsabilidade Civil dos Administradores* cit., nomeadamente 523.

padrão da boa administração implantado pelo art. 64 e a concretizar os deveres que dele fluem; naturalmente com directo reflexo no plano da responsabilidade.

Importa, no fundo, proceder a uma concretização do dever de actuar com a diligência do gestor criterioso e ordenado e, com ele, simetricamente, da ilicitude. A este juízo não interessam as capacidades individuais para o desempenho das funções de administração: quem assume essa função, tem de possuir as aptidões próprias para tal – se necessário, assegurar-se previamente de que dispõe delas – e ater-se ao que por elas é exigido enquanto investido nessas funções. Essas capacidades devem aliás ser medidas relativamente ao tipo de sociedade que está em causa e não em abstracto.

Os deveres de boa administração reflectem a tensão entre a necessidade de preservar a integridade do património social, ou o *acquis* do empreendimento societário, e a de corresponder com o devido dinamismo aos impulsos de evolução da vida societária e empresarial. No seu conteúdo se repercute igualmente o objecto e o fim social, que requerem uma constante e renovada fixação de orientações, uma direcção estratégica e táctica – de política de negócios, de gestão do risco, de organização interna da empresa, etc. – destinados a permitir a sua realização.

No desempenho das funções de direcção, os administradores gozam de autonomia, dispondo de espaços amplos de livre apreciação. A responsabilidade civil respeita-o. Embora os administradores estejam vinculados genericamente aos interesses indicados pelo art. 64, não têm de se ater unilateralmente a um deles, privilegiando-o de modo desproporcionado. Por exemplo: a administração não é obrigada a seguir a vontade da maximização dos lucros dos accionistas se para tanto for preciso adoptar políticas de deslocalização de unidades produtivas e despedimentos colectivos, socialmente negativos para os trabalhadores e suas famílias.

Tal não nega que os administradores possam (ou devam) dirimir conflitos entre esses interesses – se necessário, sacrificando um deles –, pelo menos quando balizados no curto prazo, uma vez que lhes cabe assegurar a saúde e a perdurabilidade do empreendimento societário para além de contingências temporárias. A lesão de algum desses interesses não é por isso, só por si, uma fonte de responsabilidade.

De qualquer forma, há deveres dos administradores que não lhes consentem margens de apreciação e que são, nesse sentido, de cumprimento estrito. São adstrições sem cuja observância não é – segundo a ordem jurídica – possível ou pensável uma correcta administração (ao

Cap. II – O Programa e o Conteúdo de "Responsabilidade Civil"   121

serviço dos interesses apontados no art. 64). Assim, os administradores têm para com a sociedade um especial *dever de lealdade*, que os impede de exercer as suas competências em proveito próprio ou em benefício de terceiros influentes, ou de discriminar entre accionistas, como estão igualmente sujeitos a um dever de sigilo, de modo a não prejudicar o desenvolvimento da actividade social.

Mas também aqueles deveres que se traduzem em tornar efectiva a observância de prescrições legais ou estatutárias – extremamente numerosos, como estas últimas – não conferem espaço de discricionariedade (por exemplo, os deveres de efectuar pagamentos fiscais ou da segurança social referente aos trabalhadores, de preparação atempada das contas do exercício e do relatório de gestão, de constituição de reservas legais, etc.). De um modo geral, está ainda vedado a um administrador assumir compromissos impossíveis de honrar. Como se encontra impedido de tomar uma decisão de gestão em cuja correcção ou adequação não acredita; caso contrário, responde pela actuação danosa.

Mais sensíveis, do ponto de vista da sua concretização, são aqueles deveres que envolvem uma autonomia de julgamento. Assim, o dever de dirigir a sociedade ou a empresa pressupõe certamente liberdade decisória. O Direito reconhece-o, mas ela não é irrestrita. O problema está justamente em circunscrevê-la (dentro do espaço deixado "livre" pela lei ou pelos estatutos) para a controlar. De um modo muito geral pode dizer--se que são pressupostos de um comportamento conforme com os deveres do tipo que agora se referem um adequado procedimento de avaliação dos riscos ligados à opção a tomar, a orientação pelo interesse social e a ausência de discriminação entre os sócios.

A actividade empresarial é arriscada e não implica responsabilidade pelo resultado. Mas tal não significa que o exercício da administração não esteja pautado pelos limites da função. Ademais da lei e dos estatutos, ele deve nomeadamente respeitar ainda o princípio da igualdade entre os sócios, observar as divisões de competências entre os órgãos sociais, preocupar-se em obter as informações razoavelmente exigíveis para uma decisão conscienciosa (recorde-se a *business judgement rule* norte-americana). Verificados estes requisitos, a escolha dos objectivos e meios para os atingir constitui um cerne insindicável do exercício da administração. Assim se harmoniza o reconhecimento da autonomia dessa função com a necessidade de a sujeitar a controlo da ordem jurídica (*maxime*, mediante a sujeição dos administradores a responsabilidade).

De observar que, nesta concepção, o "erro de gestão" pode relevar, mesmo que não seja grosseiro. Como há a possibilidade de estabelecer um controlo "procedimental" da decisão de administração, a responsabilidade afirmar-se-á logo que não tenham sido observados os deveres que no caso coubesse observar a um gestor criterioso e ordenado (de informação, de cálculo do risco segundo as *leges artis* comummente reconhecidas enquanto elemento prudencial para uma tomada de posição, etc.)[137]. Não obstante, no exame da "regularidade procedimental" da decisão não deve olvidar-se que a obtenção de informação tem frequentemente custos desproporcionados e que a rapidez de uma medida de administração é muitas vezes essencial para o êxito de um investimento. Por outro lado, a eliminação ou o evitar da fonte de conflitos de interesses por parte da administração assegura a orientação pelo interesse social que é pressuposto (positivo) de uma correcta decisão. Essa orientação requer que na decisão não interfiram considerações alheias à própria matéria sobre que ela incide.

De um modo geral, a distinção entre deveres com margem de apreciação e sem essa margem tenderá a corresponder à diferenciação entre deveres (*stricto sensu*) de diligência (na administração) e deveres de fidelidade ou de lealdade dos administradores. A (mera) má administração e o desvio ou apropriação em benefício próprio (ou alheio) de bens que pertencem à sociedade ou aos sócios merecem, nesse sentido, ponderações diferentes. Enquanto o cumprimento daqueles pode também ser incentivado (v.g., com prémios de gestão), o respeito destes últimos garante-se essencialmente através de mecanismos sancionatórios. Há um particular desvalor da violação de deveres de fidelidade. Supomos assim que a responsabilização dos administradores se poderá conceber organizada em torno de dois crivos, que sucessivamente "peneiram" o respectivo comportamento: o da lealdade, via de regra mais nítido e indiscutível, e o da diligência na administração, dependente do desrespeito de um *iter* decisório adequado (onde não esteja em causa a infracção de deveres legais ou estatutários referentes a essa administração).

De salientar que, segundo as regras de distribuição do ónus da prova, na acção de responsabilidade contra os administradores cabe aos prejudicados (sociedade, sócios, terceiros) a demonstração da violação de um

---

[137] MENEZES CORDEIRO admite a responsabilidade, fora dos casos de violação de específicos deveres legais, aparentemente apenas se houve erro grosseiro, evidente e inadmissível, propondo recorrer, em última instância, ao princípio da boa fé (cfr. *Da Responsabilidade dos Administradores* cit., 523). Pensamos que o art. 64 permite ir mais longe, mostrando, nessa medida, ser inadequado e desnecessário o recurso à boa fé.

Cap. II – O Programa e o Conteúdo de "Responsabilidade Civil" 123

dever por parte destes. No entanto, eles raramente estão em condições de individualizar uma concreta conduta dos administradores susceptível de conduzir a responsabilidade quando está em causa um dever em cujo cumprimento há autonomia por parte dos administradores. Daí que se tenha de auxiliar o lesado permitindo-lhe satisfazer essa necessidade de prova com a mera demonstração de um dano tão-só plausível ou (talvez melhor) eventualmente susceptível de conduzir a responsabilidade; devolvendo-se aos administradores o ónus de provar que observaram todas as exigências postas por uma boa administração (por exemplo, que respeitaram a referida *business judgement rule*).

31. Responsabilidade por danos ao ambiente

Entre os meios de tutela do ambiente – administrativos, penais e contra-ordenacionais, etc. –, interessa-nos a responsabilidade civil. O desenvolvimento dela foi aliás objecto de recomendação, à escala internacional, pela declaração saída da Conferência do Rio de Janeiro (sobre o "Planeta Terra") – no contexto do esforço por aprofundar os direitos e responsabilidades em matéria de ambiente –, a fim de combater a poluição e outros danos ao ambiente, assim como para satisfazer as suas vítimas. Numa perspectiva global, convém assumir que o causador destes prejuízos deve arcar com os respectivos encargos (lembre-se o princípio do poluidor-pagador), em vista do interesse geral, encargos que devem ser integrados nos parâmetros do investimento, do comércio – em geral, do mercado –, do desenvolvimento e dos seus limites.

Em Portugal, a legislação há vários anos existente carece de ser dinamizada na sua aplicação prática. Seguindo (e aproveitando) a atenção que ela tem suscitado à doutrina[138], a escolha deste tema para a cadeira de Responsabilidade Civil representa um contributo nesse sentido. Limitamo-nos agora, naturalmente, a um conjunto breve de observações.

Interessa-nos sobretudo a regulamentação geral da responsabilidade por danos ao ambiente, que pode dogmaticamente considerar-se uma responsabilidade delitual especial, sem prejuízo da consideração da sua

---

[138] Cfr., desde logo, no campo civil, MENEZES CORDEIRO, *Tutela do ambiente e direito civil*, in Direito do Ambiente, Lisboa, 1994, 377 ss. Destaque igualmente para José Sendim, *Responsabilidade Civil por Danos Ecológicos/Da reparação do dano através da restauração natural*, Coimbra, 1998.

articulabilidade e harmonização com previsões específicas de responsabilidade para certos sectores (como, *v.g.*, o das águas).

Legislativamente, há que atender à Lei de Bases do Ambiente (Lei n.º 11/87, de 7 de Abril). No entanto, importa considerar também a Lei da Acção Popular (Lei n.º 83/95, de 31 de Agosto), que, sendo de âmbito mais vasto, abrange também o ambiente. A coordenação entre ambas nem sempre se apresenta fácil.

De todo o modo, é central a norma do art. 41 n.º 1 da Lei de Bases do Ambiente. Aí se estabelece "a obrigação de indemnizar, independentemente de culpa, sempre que o agente tenha causado danos significativos ao ambiente, em virtude de uma acção especialmente perigosa, muito embora com respeito do normativo aplicável". Vê-se que a previsão institui uma responsabilidade objectiva pelo risco, balizada pelo conceito de acção especialmente perigosa para o ambiente e limitada pela exigência de um dano significativo, mas intercedente mesmo nos casos em que a Administração autorizou a actividade causadora do dano.

Este último aspecto põe de manifesto, quer a natureza (*stricto sensu*) compensatória de um sacrifício que esta indemnização pode assumir – conexionando-a com a responsabilidade por factos lícitos –, quer o carácter essencialmente privado da relação: a obrigação de ressarcir os prejuízos atinge normalmente aquele que tira o proveito da actuação prejudicial (sem prejuízo, sendo caso disso, da responsabilidade da autoridade pública que consentiu na actividade).

A concretização desta cláusula geral, perante a diversidade das causas dos danos ao ambiente, constitui um importante desafio a vencer, em ordem à operacionalização de uma tutela do ambiente justa e previsível. Requere-se especial atenção às normas específicas de protecção ambiental: elas auxiliam à determinação das situações de responsabilidade e dos nexos de imputação relevantes.

A eficácia preventiva deste preceito não é minimizada pelo facto de nela se consagrar uma previsão de responsabilidade objectiva. Na verdade, o seu teor abarca também indubitavelmente, embora de forma restritiva, a responsabilidade por danos ao ambiente derivados da prática de actos ilícito-culposos[139]. Num caso como no noutro, há contudo sempre um

---

[139] Essa responsabilidade encontra-se porém, à luz deste preceito, injustificadamente restringida pelas balizas e limites resultantes, quer da exigência de uma actividade especialmente perigosa, quer de um dano significativo, requisitos de todo dispensáveis numa responsabilidade por factos ilícito-culposos.

Cap. II – O Programa e o Conteúdo de "Responsabilidade Civil" 125

incentivo à adopção daquelas medidas que podem obviar ou diminuir o risco de danos ao ambiente.

Mas esta disposição não resolve problemas importantes em sede ambiental como sejam os do concurso de acções danosas para o ambiente, cumulativas, alternativas ou aditivas, por parte de diversos sujeitos, ou os da incerteza acerca do autor concreto de uma conduta lesiva singular (exemplifique-se com as emissões nocivas). Há que dar-lhes especial atenção.

Do mesmo modo quanto ao tema da causalidade. Em matéria ambiental torna-se muitas vezes extremamente difícil reconstituir com precisão o percurso causal que conduziu ao dano. Além do reconhecimento ao lesado de facilidades da respectiva demonstração e do sempre possível estabelecimento, pelo legislador, de inversões do ónus da prova da causalidade, impõe-se com frequência o apelo a juízos de probabilidade (que importa assumir como eficazes para efeito de imputação de danos).

O sistema de responsabilidade civil pelo ambiente tem de se debater centralmente com a noção do dano ao ambiente (relevante). Embora seja de sublinhar que ela é fruto de ponderações normativas – reflectindo as normas de protecção jusambiental –, apresenta-se evolutiva, progride com a promoção de uma cultura de preservação ambiental e requere-a. Há que distinguir os prejuízos causados ao ambiente em si mesmo – chamados igualmente danos ecológicos puros – daqueles que são meros prejuízos pessoais reflexos de uma violação do ambiente (por exemplo, a intoxicação individual por via de uma descarga poluente de uma celulose, ou o prejuízo patrimonial causado aos pescadores impossibilitados de sair ao mar por causa de uma maré negra).

Embora a atenção se deva concentrar na primeira forma de prejuízos, deve abordar-se o problema da tutela privada singular de valores ambientais, cada vez mais relevante. Importa notar para o efeito a importância da ordenação jusreal e, particularmente, do direito de vizinhança, que também possibilita defesas preventivas. Mas estes têm também os seus limites (pense-se, *v.g.*, na desvirtuação do valor estético ou paisagístico de uma propriedade, não coberta pelos arts. 1346 e 1347). De qualquer modo, o sujeito tem sempre ao seu dispor os preceitos gerais da responsabilidade civil, nomeadamente o art. 483 n.º 1, o qual, sobretudo na segunda variante da violação de disposições de protecção, lhe permitirá muitas vezes obter tutela.

Quanto à forma da reparação do dano provocado ao ambiente, há que ponderar o alcance da reconstituição em espécie e a sua articulação com a indemnização em dinheiro. Se a primeira é, em tese, preferível, esta também se pode deparar com apreciáveis dificuldades. De realçar, neste contexto, a obrigação de o infractor proceder às obras necessárias à minimização das consequências nefastas para o ambiente que provocou (cfr. o art. 49 da Lei de Bases do Ambiente, onde o princípio do primado da restauração em espécie se reforça através da previsão do dever de repor uma situação equivalente à que foi frustrada).

Sem dúvida que a operacionalidade da responsabilidade pelo ambiente e a urgência de prover a resultados (relativamente) justos requer o estabelecimento de critérios seguros e sindicáveis de avaliação do dano para efeito de indemnização. Tal implica a necessidade de uma "objectivação" dos valores ambientais, nem sempre fácil (considerem-se, de novo, os atentados à paisagem, natural ou humanizada). A sanção tem contudo, como é óbvio, de se conter dentro de limites razoáveis e proporcionados.

Toda a análise deve ser complementada e relacionada com as formas e especificidades processuais de defesa dos interesses colectivos, individuais homogéneos e difusos (em sentido estrito).

Merece ainda alusão o regime aplicável ao carácter transfronteiriço de muitas das mais importantes violações ambientais.

32. Responsabilidade civil do Estado

Sem prejuízo do necessário enquadramento constitucional[140], em foco deverá estar o estudo do Decreto-Lei n.º 48 051, de 21 de Novembro de 1967, para compreender adequadamente as soluções que apresenta no que toca à responsabilidade civil extracontratual do Estado, de acordo com a instrumentação dogmática diferenciada de que a responsabilidade civil dispõe hoje.

Há uma notória inspiração deste diploma na regulamentação constante do Código Civil, facilmente explicável pela sua contemporaneidade em relação a este. Sirva de exemplo a norma central do art. 2 n.º 1 do citado Decreto-Lei. Ela contempla as duas configurações básicas da

---

[140] Para este efeito, cfr. JORGE MIRANDA, *A Constituição e a responsabilidade civil do Estado*, in Estudos em Homenagem ao Prof. Doutor Rogério Soares, Coimbra, 2001, 927 ss.

Cap. II – O Programa e o Conteúdo de "Responsabilidade Civil"   127

ilicitude constantes do art. 483 n.º 1 do Código Civil. O Estado é responsável pelas ofensas, praticadas pelos seus órgãos ou agentes, dos direitos subjectivos de terceiros, e pelas de disposições legais destinadas a proteger os respectivos interesses, resultantes de actos ilícitos culposamente praticados pelos respectivos órgãos ou agentes administrativos no exercício das suas funções e por causa desse exercício.

Além disso, logo por imperativo ético-jurídico indeclinável (requerendo, se necessário, a complementação da norma), essa responsabilidade do Estado ou de outras pessoas colectivas públicas também se deve conceber como abrangendo as lesões dolosas praticadas, mesmo que não consubstanciem nenhum dos tipos de ofensas mencionados (por conseguinte, nessa medida, os "puros interesses económicos" estão protegidos). Auxilia todavia aqui o art. 3.º n.º 2 (que, em caso de procedimento doloso – a interpretar no contexto do n.º 1 –, estabelece a responsabilidade solidária do Estado e das demais pessoas colectivas públicas com os titulares do órgão ou agentes).

Observe-se, em todo o caso, que a técnica da lei na disposição-base do art. 2 n.º 1 se afigura imprecisa e questionável. *Apertis verbis*, a responsabilidade do Estado parece aí concebida enquanto derivada – automaticamente embora – da prática de actos ilícitos e culposos pelos órgãos do Estado ou pelos seus agentes. Os actos destes últimos não são portanto imputados directa e primariamente ao Estado (como seria mister na lógica da doutrina da organicidade). No entanto, a ilicitude e os demais requisitos da responsabilidade não devem apurar-se na pessoa do titular do órgão ou do agente, o que seria manifestamente inapropriado: é o Estado que actua e é a responsabilidade dele pelos seus actos (próprios) que se discute.

Assim, por exemplo, a responsabilidade do Estado por ofensas aos direitos e interesses de terceiros resultantes da violação de deveres *in eligendo*, *in instruendo* e *in vigilando* não se afigura de construir enquanto derivada ou dependente de uma responsabilidade do titular dos órgãos pela inobservância desses deveres, mas é antes directamente imputada ao Estado.

No entanto, o Estado responde também objectivamente pela conduta dos titulares dos seus órgãos e agentes. A norma do art. 2 n.º 1 abarca-a igualmente. Neste campo – equivalente aproximado da responsabilidade do comitente – observa-se que, como face ao art. 500 n.º 1 do Código Civil, se torna necessária uma imputação ao órgão ou ao agente a título de ilicitude e culpa (o que, reafirma-se, é limitativo e inapropriado).

128   *Direito Civil – Responsabilidade Civil*

A responsabilidade acopla-se directamente ao factor potencialmente danoso que a actividade do Estado introduz. Assim, só há responsabilidade se os actos dos órgãos e agentes tiverem sido praticados no exercício e por causa desse exercício. No confronto com o lugar paralelo do art. 500 n.º 2 nota-se a restrição segundo a qual agora o exercício da função há-de ter sido "causa" do acto.

Não obstante, não se trata de impedir a responsabilidade do Estado por actos praticados com "abuso" de funções. A causalidade do exercício da função em relação ao dano fica perfeitamente estabelecida quando esse exercício foi o meio de perpetração do ilícito. Só assim se respeitará integralmente o pensamento da responsabilidade objectiva (do Estado) pela actividade desenvolvida.

O art. 3 – que contempla a responsabilidade pessoal dos titulares de órgãos e agentes pelos actos que tenham "excedido as suas funções", ou por dolo – não o impede e deve ser interpretado em conformidade. De facto, se a responsabilidade do Estado não se estendesse já, segundo a regra do art. 2 n.º 1, aos ilícitos praticados com (simples) excesso dos limites da função, então a responsabilidade dos titulares de órgãos e dos seus agentes por força do art. 3 n.º 1 ultrapassá-la-ia, o que não parece curial. Não deve certamente consentir-se ao Estado a transferência ou canalização dos riscos e custos da sua actividade, à custa dos direitos e dos interesses dos sujeitos atingidos, para os seus agentes ou os titulares dos seus órgãos (mesmo que com o intuito louvável de levar a uma maior responsabilização destes, aliás já suficientemente acautelada pelo art. 2 n.º 2).

Um outro ponto importante de análise e discussão é o que se prende com a consagração, no art. 8, de uma cláusula geral de responsabilidade do Estado pelo risco, embora circunscrita (graças a um conjunto de noções e conceitos que delimitam a previsão). Não tem paralelo na regulamentação juscivil, que preferiu a técnica da enumeração. O seu estudo constitui contudo um impulso relevante para a apreciação crítica da lei geral.

Entre as várias áreas da responsabilidade civil do Estado merece relevo o problema da imputação dos danos por actos legislativos; em especial, por omissão do dever de legislar[141] (mas, sugere-se, também

---

[141] Cfr. aqui, a propósito de um litígio marcante da vida judiciária portuguesa, FREITAS DO AMARAL/RUI MEDEIROS, *Responsabilidade civil do Estado por omissão de medidas legislativas – O caso Aquaparque*, RDES, Agosto-Dezembro 2000 (ano XLI, n.os 3 e 4), 299 ss.

Cap. II – O Programa e o Conteúdo de "Responsabilidade Civil" 129

por incumprimento do dever de legislar adequadamente, âmbito naturalmente muito mais problemático, embora com algum relevo em caso de
falhas ostensivas graves). Além disso, cumpre apontar, enquanto temas
muito actuais, a responsabilidade do Estado por erro judiciário e pelo
funcionamento dos tribunais, assim como por actos jurisdicionais ou do
Ministério Público, lesivos de direitos de personalidade (pense-se na
prisão preventiva infundada ou na ordenação infundada de escutas tele-
fónicas).

O carácter multifacetado das funções do Estado obriga a uma detida
análise do conceito de dano e ao reconhecimento de diversas insuficiências da sua acepção patrimonial, com repercussão na utilidade da teoria
da diferença (neste âmbito mais restrita). O monopólio fáctico – e, por
vezes, jurídico – por ele detido com respeito ao preenchimento de muitas
necessidades colectivas e individuais convida insistentemente a ponderar
as limitações da reparação através de indemnizações em dinheiro e, por
isso, a sua substituição por outras medidas mais adequadas. Importa, para
o efeito, recuperar neste domínio a ideia da responsabilidade civil como
forma de "satisfação" do lesado perante uma injustiça (*Genugtuungsfunktion*).
Tal significa também o reconhecimento da conexão da imputação dos
danos com regras ético-jurídicas e a penetração de um pensamento retributivo. Tudo se deixa exemplificar comodamente, por exemplo, no campo
da responsabilidade civil internacional do Estado.

CAPÍTULO III
O MÉTODO DO CASO

33. Apresentação geral

Cumpre finalmente explicitar os modos de ensino a observar na leccionação da disciplina de Responsabilidade Civil. A nossa proposta é de que se combine para o efeito, de modo adequado, o método tradicional da leccionação assente na exposição "magistral" de matéria com aquilo que designamos o "método do caso", que se nos afigura particularmente apropriado para uma disciplina opcional de formação avançada. A este último se dirigirão as observações seguintes.

A resolução de casos não é em si uma inovação no ensino do Direito, sendo muito frequente nas aulas práticas a utilização de hipóteses como instrumento de aprendizagem. O sistema tem sido particularmente usado na Faculdade de Direito de Lisboa, em grande medida propulsionado pelo sistema dito de "avaliação contínua" em vigor. Reflectindo-o, relatórios de disciplinas elaborados com propósitos semelhantes ao presente não têm deixado de alertar – com inteiro acerto – para a importância da manutenção de um ensino que conte, em aulas práticas, com a resolução de hipóteses. Tal deve propugnar-se independentemente mesmo do juízo global que se faça sobre a referida "avaliação contínua", na verdade não isenta de algumas críticas e limitações nos moldes e condições actuais do seu funcionamento.

O método do caso que se apresenta neste relatório constitui no entanto uma forma de revitalização do ensino do Direito que vai muito mais além do sobredito emprego de casos na *praxis* docente da Faculdade. Com efeito, assume frontalmente a situação prática paradigmática como instrumento de ensino *principal*, idóneo e adequado da formação (especializada) do curso de Direito, em *paridade* com o ensino tradicional alicerçado na apresentação abstracta de matérias sistematicamente organizadas. O método que apresentamos pretende ser, assim, uma forma de transmissão de conhecimentos a partir de casos representativos previamente escolhidos que, nas disciplinas de especialização, ombreia em estatuto de *igualdade* com a usual exposição teórico-sistemática das matérias jurídicas.

É sabido como a leccionação actual na Faculdade de Direito de Lisboa gravita essencialmente em torno deste tipo de exposição: as aulas práticas são essencialmente concebidas enquanto meios ancilares da compreensão dos conhecimentos veiculados através daquelas exposições e por estas, naturalmente, pautadas. Ora, o método do caso reivindica *autonomia* no que concerne a esta estruturação do ensino. Respeita porém também a tradicional divisão de tempos entre aulas teóricas e práticas, pois pode conviver com ela.

Não se trata nele de reconhecer somente o proveito de complementar o ensino clássico, ministrado nas aulas teóricas, com concretizações práticas. Como não se cuida de preencher tão-só a função que, dentro da habitual divisão entre aulas teóricas e práticas, cabe a estas últimas de, a título subordinado, aplicar e testar os conhecimentos proporcionados pelas primeiras (devendo recordar-se que a resolução de hipóteses práticas constitui unicamente uma, entre outras, das formas possíveis do preenchimento dessa necessidade).

Numa visão sintética, a diferença reside aqui: enquanto nas aulas práticas o caso se perspectiva tradicionalmente a partir das normas e princípios de que se deu (prévio) conhecimento nas aulas teóricas, como experimentação destes, *este método inverte o ponto de mira*: o "óculo" é o caso, e é através dele que se procura conhecer e se vai vislumbrar a ordem jurídica. Agora, é a análise da situação de facto escolhida que propicia descortinar, explicar, desenvolver e testar os critérios jurídico--normativos convocados para a respectiva solução e situá-los devidamente dentro das coordenadas mais gerais do sistema.

O método do caso é propugnado enquanto método estruturante, válido e *potencialmente pleno*, de transmissão e desenvolvimento de conhecimentos; coordenado – já se disse –, em maior ou menor medida, com a exposição de matérias de pendor abstracto e generalizador. No nosso modelo significa, de toda a maneira, um método principal de leccionação, *sem a posição de dependência, secundarização ou funcionalização* perante a referida exposição que via de regra lhe é assinalada, mesmo, por princípio, na Faculdade de Direito de Lisboa.

Representa uma forma de leccionação susceptível de utilização pelos próprios *regentes* e encarregados de curso nas aulas a seu cargo. Estes podê-lo-ão adoptar e/ou mesclar com a tradicional exposição de matérias, segundo um prudente critério pedagógico. Mesmo nas aulas, ditas teóricas, da sua responsabilidade. Esses tempos lectivos poderão corresponder então, na substância, às chamadas aulas teórico-práticas que hoje, por vezes, se propugnam.

A defesa deste tipo de aulas tem servido propósitos diversos, amiúde sem a clara identificação do que as justifica no plano do ensino do Direito; elas serão porventura mais apregoadas do que efectivamente praticadas naquilo que as poderia singularizar e fundamentar. Ora, entendemos a nossa proposta – do método do caso – como contributo para lhes emprestar um conteúdo vantajoso autónomo. O método do caso apresenta, assim, uma "chave pedagógica" dotada de *enorme adaptabilidade a novas estruturações do tempo lectivo e à sua distribuição pelas diversas categorias de pessoal docente.*

Entre os frutos desta compreensão – que será, admite-se, inovadora no actual contexto do ensino do Direito em Portugal[142] –, conta-se portanto igualmente a prestabilidade e adequação que é possível assegurar em relação aos esquemas de ensino e avaliação que se estabeleçam ou venham a estabelecer em função dos ajustamentos curriculares decorrentes do chamado «processo de Bolonha».

O método do caso estará assim na vanguarda da discussão em torno das (inevitáveis) modificações que o ensino do Direito virá a registar entre nós.

Mas torna-se possível ir mais longe. É que, embora a proposta apresentada vise primordialmente, na presente circunstância, o curso de licenciatura – aqui articulada com uma proposta de programa e conteúdos de uma cadeira opcional de Responsabilidade Civil –, o método do caso poderá e deverá ser convenientemente explorado em Pós-Graduações e Mestrados (quanto a estes, na parte não ocupada por exposições de alunos), dos quais tem estado arredado. Nesse segmento de formação (da

---

[142] A afirmação é prudente. Explica-se porque não temos conhecimento de que este método haja sido alguma vez tematizado e assumido na sua especificidade para o ensino do Direito em Portugal. Não se exclui, no entanto, que, na sua substância, ele possa ser, aqui e ali, utilizado (ainda que empiricamente).

Deve registar-se que a previsão de aulas teórico-práticas na estruturação do ensino da Faculdade de Direito da Universidade Nova, assim como a flexibilização dos tempos lectivos nos seminários de especialização constantes da organização curricular da Faculdade de Direito da Universidade Católica e, ainda, a supressão integral (aliás, criticável na sua amplitude) da distinção entre aulas teóricas e práticas no curso de Direito do Porto da Faculdade de Direito da Universidade Católica, representam configurações dos tempos lectivos que são susceptíveis de se conformar com o método do caso e de o acolher.

136 Direito Civil – Responsabilidade Civil

pós-licenciatura) tem melhores condições ainda de mostrar ou desenvolver todas as suas potencialidades pedagógicas e formativas; permitindo vantagens comparativas sensíveis num mercado de grande concorrência (do lado da oferta).

34. O método do caso (continuação)

Sumariamente apresentado o método do caso e explicitada a sua autonomia em relação ao modelo de leccionação vigente, mas garantida também a sua articulabilidade com a actual estruturação do ensino na Faculdade de Direito – bem como com as reformas em perspectiva, quer na licenciatura, quer na pós-licenciatura –, é agora altura de aprofundar alguns dos seus méritos e de sublinhar certas ideias-força que hão-de nortear o seu emprego.

Importa em primeiro lugar ter presente que o método do caso instrui precisamente naquele tipo de formação jurídica que mais directamente mimetiza a prática profissional do juiz, a qual, por essa via, se antecipa.

Mas permite-se igualmente uma clara aproximação ao tipo de raciocínio empregue pelo advogado ou pelo jurista consultor de alguém em conflito com outrem, por isso que também a identificação da posição da parte no litígio, para a sua posterior defesa, arranca da consideração do caso e das possibilidades argumentativas que ele suscita. Na avaliação "primária" da situação, e nas várias ponderações que se lhe seguem com vista à determinação ou afinação de estratégias da lide (com o conflito), a postura do advogado não se distingue sensivelmente da do juiz quando profere a decisão final. É certo que a actividade deste se reveste da imparcialidade própria daquele a quem se pede que "diga o Direito". No entanto, o outro só assume a "posição da parte" perante um "todo" que se requer constantemente presente.

O que vai dito pode predicar-se, com as necessárias adaptações, de outras profissões jurídicas autonomizadas (*v.g.*, notários, conservadores) ou do desempenho de actividades jurídicas que ocorrem fora desse quadro (por exemplo, em certas áreas da administração pública). Sempre se exige, em maior ou menor medida, uma atitude de independência do jurista na indagação do Direito, ainda que a título preliminar para um ulterior exercício de certas funções e para o desempenho de determinados papéis.

Tudo auxilia, aliás, a compreender a conveniência em orientar globalmente o ensino do Direito a partir do *paradigma da função do juiz*.

Ora, é evidente a conexão do método do caso com esse modelo, que idealmente serve. A resolução do caso apresenta-se como actividade intrinsecamente judicativa. Ao exercê-la, os estudantes podem ser introduzidos ao modo e às técnicas de elaboração das sentenças, assim como ser convidados a desenvolver aquela função persuasiva que, a par do rigor técnico-sistemático, tão importante se torna nos arestos judiciais, ao serviço da paz social alicerçada na convicção da justiça[143].

Um segundo aspecto a sublinhar é o de que o método do caso não pretende substituir o "curso magistral" que, com maior ou menor acento, é o comum nas universidades lusas. Nem a nossa perspectiva pretende abalar ou corroer a proeminência, na licenciatura, da exposição sistemática e abstracta de princípios, regras jurídicas e suas conexões. Pelo contrário: estamos firmemente persuadidos da necessidade de, na formação jurídica inicial, assegurar uma transmissão dos conhecimentos básicos desse tipo, a efectuar por via oral. Por muito que possa discutir-se o peso e o relevo a dar-lhe, mesmo no período da licenciatura destinado a proporcionar essa formação primeira, será sempre criterioso e oportuno haver lições de enquadramento e de síntese ministradas por professores doutorados encarregados de regência[144]. De outro modo, privar-se-ia os alunos de um contacto guiado pelas traves mestras das diversas matérias e suas conexões, lançando-os perigosamente na senda de aprendizagens casuísticas e descoordenadas[145].

Aquilo que se propõe é diferente: trata-se de, nas cadeiras de especialização e aprofundamento, articular com esse modelo as vantagens do método do caso; reconhecer uma complementaridade recíproca entre ambos, com o peso de cada um a ser definido em função de circunstâncias concretas. Por exemplo, de acordo com o grau de maturidade dos

---

[143] Também pelo lado da função persuasiva da sentença se observa a similitude e complementaridade de exigências postas ao advogado e ao juiz. Com razão se diz que não há bons juízes sem bons advogados, sendo certo que a inversa também tem pertinência.

[144] Assim, parece-nos totalmente desajustada a supressão pura e simples das aulas ditas teóricas, ainda que a substituir por aulas teórico-práticas, modelo que já vimos discutido e aplicado entre nós.

[145] O que implicaria ao mesmo tempo uma enorme dificuldade de progressão (ordenada) nos conhecimentos.

138   *Direito Civil – Responsabilidade Civil*

alunos, o seu nível de iniciação nas matérias objecto de especialização, ou a maior ou menor dificuldade de acesso a bibliografia para uma preparação individual e autónoma nessas matérias.

De resto, ensina a experiência que em qualquer cadeira se tem de se contar com um "tempo de arranque". A *décalage* infalível entre transmissão oral de conhecimentos (via de regra através de exposições sistemático-abstractas de matéria) e aquele mínimo de efectiva aprendizagem pelos alunos – através do estudo individual – que é imprescindível para os habilitar a um uso profícuo do método do caso aconselha portanto a que o começo de uma disciplina seja preenchido com exposições de carácter mais teórico e geral[146].

Repisando: o método do caso, embora extremamente versátil, não vai pensado como auto-suficiente ou exclusivo. A aprendizagem em torno de casos-tipo deve ser feita após um conhecimento sumário inicial das matérias potencialmente envolvidas por parte dos alunos: a espiral hermenêutica carece primeiro de ser despertada (só se pode procurar resposta àquilo que se foi capaz de perguntar).

Cada decisão (de um caso) é aplicação de regras e princípios. Por isso, o método do caso não se substitui ao conhecimento profundo das articulações sistemáticas dos conteúdos jurídicos. Pelo contrário, requere-o – sem ele não é sequer possível descortinar devidamente as questões-de-direito envolvidas – e destina-se a aumentá-lo, já que o seu objectivo precípuo é o de proporcionar um conhecimento mais exacto das coordenadas da ordem jurídica que ele convoca.

Desde que assumido em plenitude, o método do caso pode partilhar com as aulas teóricas (tradicionais) o papel central de via de comunicação do labor de investigação do professor. De facto, não pode ignorar-se a importância destas aulas, que se traduz em proporcionar uma compreensão articulada das matérias decantada sobre um percurso intelectual (de qualidade) do respectivo docente, num exercício destinado a facultar linhas de orientação proveitosas, tanto para a progressão de conhecimentos, como para a "afinação" da sensibilidade jurídica dos alunos. Mas a "perspectiva de leitura" com que o professor, recriando de algum modo os conteúdos jurídicos, enriquece o ensino do Direito, é plenamente

---

[146] Uma inversão desta ordem poderia certamente justificar-se pela necessidade de dar aos alunos um estímulo imediato à aprendizagem. Mas a maturidade e auto-responsabilidade que são conaturais à frequência universitária deveriam dispensá-la.

Cap. III – O Método do Caso 139

transmissível através do método do caso. Sem prejuízo da sua diversidade, aulas teóricas e método do caso ajustam assim entre si, de modo idóneo, as funções de motor e de comunicação do saber que cabem desde sempre às Faculdades de Direito.

Concebido como está, o método do caso não guarda nenhuma conexão particular ou exclusiva com a disciplina de Responsabilidade Civil, pois pode ser empregue noutras cadeiras de especialização. O alcance da nossa proposta pedagógica, qual objecto formal do presente relatório, vai portanto muito para além dos limites do seu objecto material. Mas pensamos que o método do caso potencia significativamente a aprendizagem do direito da imputação de danos.

A prática docente do autor destas linhas atesta as suas virtudes educativas. Com efeito, a decisão de explanar o método do caso no presente relatório radica na experiência de ensino que acumulámos. Desde o início do desempenho das funções docentes que nos foram atribuídas na Faculdade de Direito de Lisboa privilegiámos, de acordo com a sua tradição de leccionação – relativamente recente, mas sedimentada –, o resolver de hipóteses no âmbito de aulas práticas, procurando aproveitar ao máximo as vantagens de semelhante pedagogia.

Fomos depois tematizando e desenvolvendo paulatinamente esta prática, erguendo-a a objecto específico de reflexão. Mais recentemente surgiu a oportunidade de cinzelar e testar o método do caso (na configuração que dele apresentamos agora)[147]. Os resultados positivos alcançados afiançaram-nos na convicção da sua utilidade.

De toda a maneira, apesar de o método do caso não ser usualmente praticado no estrangeiro, tanto quanto sabemos, nas licenciaturas em Direito estruturadas de modo semelhante às do nosso país, ele tem sido empregue, entre nós e além-fronteiras, nomeadamente em ensino pós-graduado, na leccionação de outras matérias, com relevo para a gestão (terá sido pela primeira vez apurado pela Harvard Business School), a economia e a medicina. Pelo que se adivinha muito útil o aproveitamento do acervo de experiência que dessa utilização se pode retirar para o nosso objectivo[148].

---

[147] No âmbito de um seminário de Responsabilidade Civil que regemos, no ano lectivo de 2002/2003, na Universidade Católica, para alunos de licenciatura.

[148] Não podemos agora proceder a essa análise. Diga-se apenas que o emprego do método do caso, inspirado na maiêutica de Sócrates, por parte da Harvard Business School terá sido um dos maiores sucessos dessa escola. Relevam-no, por exemplo, LOUISE

140   *Direito Civil – Responsabilidade Civil*

Especial atenção merecem, neste particular, certas práticas anglo--saxónicas e germânicas da leccionação do Direito, que, em maior ou menor medida, implicam ou envolvem um ensino com base em casos. Também aí se buscarão com facilidade elementos para a potenciação do método do caso. Mas não deve perder-se de vista que, em rigor, este método se diferencia no seu recorte ou nos seus propósitos daquelas práticas.

Em relação ao mundo da *common law*, se é frequente o ensino através de casos[149], há que apontar duas diferenças fundamentais: por um lado, concebemos o método do caso (na licenciatura) em articulação com a exposição magistral tradicional; evitando, portanto, as consequências desvantajosas da sua absolutização. Por outro lado, nos sistemas de *case law*, as situações objecto de análise são arestos de jurisprudência; o que não se adequa com demasiada frequência ao intuito pedagógico de uma aprendizagem célere, fácil e orientada para os pontos essenciais, e tende a desvalorizar visões de conjunto proporcionadas pela elaboração genérica, doutrinária e dogmática, do Direito (de que não deve, em caso algum, prescindir-se).

Já a experiência germânica do trabalho com *Fälle* tem-se orientado predominantemente para a preparação de um exame de Estado (*Staatsexamen*), de acesso ao exercício de certas profissões jurídicas. O propósito desse labor não é, portanto, primordialmente, o de proporcionar conhecimentos – que se pressupõem e apenas se recordam –, mas o de habilitar à prestação de uma prova (em vista da qual esses conhecimentos são relembrados)[150]. A resolução das denominadas *Klausuren* não se des-

---

A. Maufette-Leenders/James A. Erskine/Michiel R. Leenders, *Learning with cases*, 2.ª edição, London, Ontario, Canada, 2001, prefácio (autores que o ensaiaram na Richard Ivey School of Business, University of Western Ontario). Quanto ao método do caso no âmbito do estudo da gestão de empresas, cfr. ainda, por exemplo, Juan Antonio Pérez López, *Enseñanza de una disciplina básica para directivos* (publicação do IESE – Instituto de Estudos Superiores de Empresa da Universidade de Navarra, Barcelona), 28 ss. (Agradecemos cordialmente a disponibilização destes elementos à AESE – Associação de Estudos Superiores de Empresa.)

[149] *Colorandi causa*, veja-se tão-só, quanto a textos, John P. Dawson/William Burnett Harvey/Stanley D. Henderson, *Contracts (Cases and comment)*, 7.ª edição, New York, 1998, Scott, Robert E./Leslie, Douglas L., *Contract Law and Theory*, Charlottesville, Virginia, 1988, Jill Poole, *Casebook on Contract Law*, London, 2003.

[150] Floresceu, em torno deste propósito, uma abundante literatura cobrindo os principais ramos do saber jurídico (a título exemplificativo, apenas, Diederichsen/Wagner,

Cap. III – O Método do Caso

tina assim – diferentemente do que pretendemos principalmente com o método que propomos – a fomentar e desenvolver a aprendizagem de conhecimentos, mas enquanto preparação de um exame que avalia essencialmente a capacidade de solucionar concretas situações postas (e não outras, mesmo que análogas, cuja consideração seria todavia pedida dentro da preocupação de uma compreensão integrada de campos problemáticos e suas coordenadas jurídico-normativas).

Tal reflecte-se na estrutura da leccionação universitária alemã, que continua a assentar essencialmente em aulas magistrais, sendo o trabalho com casos meramente secundário (e estando longe de poder equiparar-se à experiência da avaliação contínua na Faculdade de Direito de Lisboa).

35. O método do caso, a metodologia jurídica e os modelos de decisão

O método do caso só se compreende dentro de um pensamento jusmetodológico preciso que, focando o fim prático do Direito – e, assim, de toda a reflexão teórica em torno do Direito (e dele conformadora) –, sublinha o carácter *hoc sensu* constitutivo do processo de realização da juridicidade.

Ele pressupõe a superação do esquema lógico-subsuntivo da aplicação do Direito, marcado pela "estanquidade" entre o *modus* de identificação e interpretação das normas jurídicas aplicandas, por um lado, e o caso concreto, por outro. A separação entre a "questão-de-direito" e a "questão-de-facto" apresenta-se na realidade como pressuposto de uma concepção do raciocínio jurídico-judicativo enquanto operação subsuntiva lógico-formal.

Die BGB-Klausur, 9.ª edição, München, 1998, MÖLLERS, *Juristische Arbeitstechnik und wissenschaftliches Arbeiten*, 2.ª edição, München, 2002, ou DIRK OLZEN/ROLF WANK, *Zivilrechtliche Klausurenlehre mit Fallrepetitorium*, 4.ª edição, Köln, Berlin, Bonn, München, 2003).

Mencionamos ainda, embora já mais antigo, ARNDT TEICHMANN, *Schuldrecht I (Leistungsstörungen und Gewährleistung)*, 2.ª edição, München, 1981. Foi esta obra que, pela primeira vez, nos primórdios da nossa actividade docente como assistente da Faculdade de Direito de Lisboa, nos concitou a atenção para aquilo que poderia ser o método do caso, estando portanto na primeiríssima origem do conteúdo que emprestamos a este relatório.

Em boa verdade, neste entendimento, o caso nada traz ou é susceptível de trazer ao intérprete-aplicador. Não acrescenta aos elementos de decisão perante os quais este se encontra vinculado. A decisão jurídica é encarada como produto automatizado de um processo de conhecimento do Direito, de pendor mais ou menos lógico e conceptual, que abstrai – que pode e deve abstrair – da realidade ao qual ele se vai aplicar.

Assim, nesta perspectivação do Direito e da sua realização, o método do caso redundará numa excrescência a combater com vigor. Ela desemboca, coerentemente, no paradigma do monopólio do ensino "reprodutivo" de uma ordem jurídica que se tem por perfeitamente acabada na sua explanação teórico-abstracta, pois se proporciona com ele as bases para um raciocínio silogístico que apenas carece depois dos instrumentos da lógica dedutiva para operar um juízo jurídico-decisório. Num domínio (por natureza) absoluto e ilimitado de preleccções ditas "teóricas", as aulas práticas só se podem conceber, no fundo – se se abstrair das necessidades de avaliação e de esclarecimento de dúvidas –, ou como "repetitórios" de uma apresentação já conclusa da ordem jurídica (feita a título prévio), pragmaticamente aconselháveis para sedimentar a aprendizagem, ou enquanto forma de a substituir, preenchendo alguma lacuna de exposição que se tenha detectado.

Porém, o sobredito entendimento do processo de realização do Direito encontra-se hoje exaurido, tão fortes e profundas são as críticas que certeiramente contra ele se podem desferir[151].

Na sua superação importa reconhecer-se que o caso, melhor, a aplicação das normas ao caso, representa um *plus* relativamente à respectiva determinação, que a resolução do litígio concreto transcende a sua inter-

---

[151] Veja-se entre nós sobretudo o extensíssimo leque de escritos de Castanheira Neves, desde a fundamental *Questão-de-facto – Questão-de-direito ou o problema metodológico da juridicidade (Ensaio de uma reposição crítica) I – A crise,* Coimbra, 1967, até, por exemplo, à sua recente *Metodologia jurídica/Problemas fundamentais,* Coimbra, 1993.

As considerações a seguir expendidas devem-se em apreciável medida ao lastro que tem deixado no nosso espírito o magistério deste ilustre professor. Apesar disso, pedindo vénia, supomos não exprimir nalguns pontos uma visão coincidente. (Nomeadamente naquilo que nos parece ser uma excessiva desvalorização do *distinguo* entre determinação da regra e aplicação, e em tudo o que desta apreciação flui para a exacta compreensão da metodologia jurídica e dos seus critérios. Não temos uma visão tão radical dos pressupostos e consequências do reconhecimento da prioridade do caso na metodologia jurídica.)

Cap. III – O Método do Caso

pretação e integração; uma opinião, de resto, que o próprio Código Civil parece admitir ao estabelecer, no n.º 3 do art. 8, que o juiz deve levar em conta "todos os casos que mereçam tratamento análogo, a fim de obter uma interpretação e aplicação uniformes do Direito". Nem tudo está afinal na regra, porque, se fosse assim, que sentido faria a preocupação específica com a uniformidade de aplicação do Direito? O plano genérico em que se coloca a norma diferencia-se nalguma medida da aplicação ao caso concreto, sempre individual, ainda que seja possível uma ponderação abstracta dos problemas de aplicação e das suas formas de solução[152].

Não vamos ao ponto de pretender que a interpretação, a integração e a aplicação se fundem, sem solução de continuidade, num *continuum* indistinguível. Em certa regra interpretada (ou, mesmo, obtida por integração) pode certamente descortinar-se um conteúdo normativo-jurídico autónomo, susceptível de imprimir uma dada direcção à disciplina da vida social e independente de se ter de supor uma concreta decisão de aplicação. A interpretação ou a integração são operações a que não tem de presidir uma intenção aplicadora específica; e nem por isso deixam de evidenciar já, com maior ou menor nitidez, momentos determinativos de consequências jurídicas, de relevância clara da juridicidade. Por isso nos absteríamos de proclamar que o processo de realização do Direito é unitário, se a unidade que se quisesse referir fosse aquela da síntese da interpretação/integração com a aplicação numa realidade que diluísse totalmente e sem resto estes aspectos.

Dir-se-á que toda a interpretação da norma envolve, ao menos de modo implícito, a figuração de uma aplicação intencionada dessa mesma norma. Ora, pode concordar-se sem dificuldade que a incindibilidade entre previsão e consequência que deve reconhecer-se no enunciado normativo logo leva a que a própria estatuição não possa ser devidamente interpretada senão conjugada com uma representação do respectivo campo de incidência.

O que quererá porém exprimir-se exactamente com esta perspectiva? É que este sentido amplo que conduz a afirmar implicar a interpretação uma aplicação (ao menos implícita) significa essencialmente que as normas têm uma previsão, isto é, "fazem presa" sobre certas

---

[152] A aplicação não varia, nesse sentido, incontornavelmente de situação para situação, como se não houvesse ponto de contacto algum entre as situações. Cfr. OLIVEIRA ASCENSÃO, *O Direito/Introdução e Teoria Geral (Uma perspectiva luso-brasileira),* 11.ª edição, Coimbra, 2001, 592 n. 1024.

144 Direito Civil – Responsabilidade Civil

situações da vida que, recortadas como suas *facti-species*, são delas parte integrante e sem as quais elas se não compreendem. Com este alcance, porém, a asserção de que não é possível interpretar uma norma sem ser em vista de uma (sua possível) aplicação é realmente pobre: limita-se a confessar que as proposições jurídicas pretendem regular certas questões da vida e não podem ser concebidas fora desse desiderato.

Ora, se as normas jurídicas são um instrumento de conformação da vida social dirigidas a uma série indefinida de pessoas e situações, então tem de extrair-se delas um sentido que garanta uma uniformidade de soluções. Aquilo que se representa na interpretação é um conjunto indeterminado de situações de certo tipo, não um problema concreto ligado à aplicação da norma a determinada situação particular.

Visto de outro ângulo: ponha-se a tónica na aplicação (e perspective-se-a como problema de interpretação). Se se disser que toda a tarefa de aplicação é realmente (ainda e sempre) uma tarefa de interpretação da norma – tudo é interpretação, não havendo que distinguir com autonomia nenhum momento de aplicação –, então tal significa, nem mais nem menos, o sacrifício do carácter da generalidade comummente aceite como característica das proposições jurídicas. Com esse sacrifício se arrisca a igualdade requerida pelo *suum quique tribuere*: deixa de haver critério uniforme e autónomo que se possa invocar para regular de forma semelhante situações semelhantes (já que todas as situações são derradeiramente desiguais). Levar (sem limites) a desigualdade para o campo da interpretação corrói a generalidade da norma.

Em suma, a afirmação de que tudo é interpretação apresenta-se insuficientemente globalizante e indistinta. De novo: se se pretende que a interpretação apenas se consuma (se aperfeiçoa ou se acaba verdadeiramente) na aplicação, como não ficar o intérprete-aplicador refém do concreto e contingente (lembrando afinal, nessa injustificada cedência a um "nominalismo", a antiga, e renovada, querela dos universais)[153]?

Para nós, interpretação e aplicação configuram-se como "momentos" ou "pólos" que, se bem que enxertados num processo de realização

---

[153] O tema não tem por que ser aqui desenvolvido, mas claro que perante esta visão indistinta das coisas, problemáticas de "correcção judicial da lei" como a da aplicação *contra legem* ou a das lacunas supervenientes (por exemplo, por mudança das situações de vida reguladas, das necessidades da regulação ou dos valores que orientavam a sua disciplina) se perdem ou dissolvem em puros problemas interpretativos. Mas far-se-á desse modo justiça às especificidades metodológicas destas questões? Cremos bem que não.

do Direito insusceptível de divisões estanques, se apresentam em todo o caso diferenciáveis no sentido de correspondentes a "operações jusmetodológicas típicas" que concitam ponderações típicas também.

Afinal, tanto seria unilateral pensar o Direito só enquanto "concreto", como figurá-lo unicamente enquanto "geral". E o pensamento tipológico não serve portanto apenas para orientar a operação da qualificação (analógica em sentido amplo) de uma situação de facto para efeito de aplicação de certa regra decisória material: supomos que o *tipo* intervém na própria descrição dos procedimentos metodológicos, que é assim *uma faceta* também *desse pensamento metodológico*, conquanto não habitualmente relevada.

Mas a nossa precisão termina aí. Revela a *praxis* jurídica que a realização do Direito é um processo orientado por um fim último congregador, para o qual confluem, mesclando-se, os momentos da determinação da regra e da aplicação: nesse sentido (lato), tal processo apresenta-se indubitavelmente unitário. Deve portanto reconhecer-se que a orientação intencionada para a resolução de casos concretos faz com que o caso decidendo exerça uma força "gravitacional" sobre a interpretação e a integração; que estas surgem portanto principalmente polarizadas pelo problema de que se espera (ou para o qual se procura) uma resposta do sistema; que a aplicação é susceptível de proporcionar um sentido jurídico específico e insubstituível a uma regra, de a dotar de um último e novo momento determinativo enquanto desenvolvimento congruente da interpretação/integração; que não é, por conseguinte, viável uma cesura lógico-abstracta entre estes momentos.

Assim entendido, se o problema concreto é o *prius* metodológico – o princípio e o fim (últimos) do Direito –, então o método do caso apresenta-se incontornável, e tem de enfatizar-se aquilo que só ele pode completar na formação do jurista. Certamente que, pelo que representa o processo de realização do Direito, uma formação baseada na análise de situações jurídicas concretas nunca pode (por definição) estar completa. Mas importa muito, de qualquer modo, evitar – seria grave incúria do ensino universitário –, a ausência de percepção do momento constitutivo e distintivo de juridicidade que a decisão de aplicação compreende. O método do caso proporciona idealmente essa consciência.

Na verdade, o mero reconhecimento da importância das aulas práticas no ensino do Direito não faz por si inteira justiça – como modelo abstracto de leccionação – a estas considerações de método e à compreensão do Direito que por detrás delas se alberga. Pois, afinal, tra-

146   *Direito Civil – Responsabilidade Civil*

duzindo a aplicação um momento absolutamente essencial da juridicidade, sem o qual esta não pode dar de si, na sua incompletude, senão um imagem pálida, então a aprendizagem desse momento não se compadece com a secundarização de princípio que vai implícita na tradicional visão das aulas práticas (ancilares em relação às teóricas), devendo antes erguer-se a objectivo precípuo (ainda que não exclusivo) do ensino. Precisamente aquilo que propomos.

Afinal de contas, o paradigma de aprendizagem que releva o método do caso é aquele que melhor traduz o conhecido (mas, na realidade da docência, muito olvidado) aforismo de que não há uma boa teoria sem uma boa prática (como não existe uma boa prática sem uma boa teoria), proporcionando uma síntese harmoniosa e dinâmica entre elas.

De igual forma, o método do caso reconcilia a leccionação do Direito com a sua origem e natureza genuinamente prudencial, centrando a Faculdade de Direito de Lisboa como "escola de jurisprudência". Ao mesmo tempo que serve de poderoso antídoto contra o autoritarismo ínsito nas visões estatistas do fenómeno jurídico[154].

Não se trata para nós de pretender que o Direito *só existe* nas decisões concretas, quando cristalizado em juízos jurídicos vinculativos[155]. Se assim fosse, os actuais moldes da licenciatura em Direito não poderiam facultar senão um projecto do que é susceptível de constituir o Direito; um projecto seguramente inacabado e, porventura, afinal, fungível ou, numa versão ainda mais radical dos *Critical Legal Studies*, inútil e, mesmo, contraproducente porque perigosamente ilusório. Perder-se-ia a noção de que as situações concretas da vida se devem resolver "segundo o Direito", e que decisões jurídicas se podem apreciar ou sindicar "em nome do Direito"; que, portanto, a juridicidade *é* (já) "antes" e (também) "depois" do juízo concreto que mereceu uma dada situação.

O método do caso ao serviço de uma concepção destas confundir-se-ia facilmente com uma abordagem empírico-fenomenológica do Direito. A não existir o Direito senão nas situações decididas, o ensino

---

[154] Exemplares, neste sentido, os contributos de RUY DE ALBUQUERQUE e de MARTIM DE ALBUQUERQUE, *v.g.* em *História do Direito Português, I, 1.ª parte (1140-1415)*, 10.ª edição, Lisboa, 1999, 239 ss, bem como a oração de sapiência do primeiro desses autores, *Direito de Juristas-Direito do Estado*, RFDUL, vol. XLII/2, 2001, 751 ss.

[155] Nesse sentido, porém, MENEZES CORDEIRO, *Tratado* cit., I/1, 288. Sobre as reservas que este tipo de entendimento pode suscitar, cfr. o nosso *Teoria da Confiança e Responsabilidade Civil* cit., 104 ss, n. 84.

atravês de casos, ainda que simulados, consubstanciaria, pensado com coerência, o ensaio realista da única aprendizagem possível da ordem jurídica. Fosse a juridicidade consumida pelo caso ou nele absorvida, não restaria outro caminho senão conferir ao caso toda a primazia.

A nossa visão não enferma porém deste reducionismo. Não se diz que o Direito se esgota no caso, mas, comedidamente, que a resolução do problema concreto representa a causa eficiente e o fim último de toda a juridicidade. Que, portanto, a formação jurídica se não há-de cingir a uma compreensão abstracta das normas e princípios jurídicos que compõem o Direito, antes carece de assumir e incorporar uma intenção jurídico-judicativa de problemas específicos que, tendo presente aquelas dimensões "normativas" e "principiológicas" do Direito, todavia as transcende. Parafraseando Castanheira Neves, mais do que um tema de conhecimento, o Direito apresenta-se como uma validade que requer ser assumida e a sua realização problematizada[156].

Ora, esta realização não é puramente tópico-argumentativa. Ela faz-se a partir de referências formais e materiais que o intérprete-aplicador não é livre de escolher; à luz de um conjunto de normas e princípios prefigurados (ainda que continuamente reproblematizado em função da aplicação que deles se intenciona). Se se quiser, vertendo para outra fórmula conhecida, o problema deve encontrar assim a sua resolução no sistema (ou a partir do sistema).

Não vale a pena, neste contexto, perguntar se o Direito se confunde necessariamente com o "sistema", se a ele se confina; não interessa, por outro ângulo, aprofundar se o sistema se tem de indagar tão-só na *lex scripta* ou se o *ius non scriptum*[157] lhe pertence, ainda (e em que medida). O nosso ponto é outro: adquirido que para nós está ser a realização prática do Direito uma síntese destes dois modos-de-ser do "jurídico" – da lei escrita e do Direito não escrito –, o conjunto articulado de referências vinculativas para a realização da juridicidade (dotado de uma intencionalidade de fundo que fundamenta e ultrapassa as normas de "direito posto" na sua configuração concreta), a sua consciência, apresenta-se imprescindível nessa realização. Importa por isso que o ensino do Direito evidencie esse conjunto e o torne bem conhecido.

---

[156] Cfr. *O sentido actual da metodologia jurídica*, in Volume Comemorativo do 75.º Tomo do Boletim da Faculdade de Direito, BFDUC, Coimbra, 2003, 132.

[157] Entendemos agora as expressões num sentido mais figurativo do que rigoroso (susceptível de comportar a dialéctica entre o positivo e o transpositivo no Direito).

O método do caso é assim, para nós, ainda, um método do ensino do Direito (no aludido sentido "conglobante"), embora a partir do problema e enriquecido com esse "teste prático-concretizador". Quer dizer: na leccionação, o caso não se apresenta, evidentemente, como um fim em si. O seu método não deve esconder, antes, precisamente, manifestar as coordenadas jurídicas gerais à luz do qual o problema há-de ser resolvido. Representa um percurso indutivo, ou o ponto de partida de um processo indutivo, com vista, sempre, ao respectivo conhecimento. Um conhecimento que há-de portanto servir para resolver um número indeterminado de situações variáveis e não necessariamente concitadoras, no final, das mesmas ponderações normativas da hipótese de que se partiu, pese embora "extraído" dessa mesma hipótese. Numa outra síntese: o que é principal no modelo de ensino proposto, é ainda, e sempre, o *quid ius* e não o *quid iuris*, mesmo quando se aplicam conhecimentos e se tematiza a própria aplicação.

O método do caso integra, portanto, na nossa concepção, a dimensão hermenêutica da lei (e de outras fontes), a vertente dogmática das construções e elaborações de concepção e conceitualização do sistema jurídico, e o ponto de vista (prático) da respectiva concretização-especificação em ordem à resolução de hipóteses singulares. Ele constitui por conseguinte também um poderoso instrumento do entendimento de teorias jurídicas, necessário para o seu desenvolvimento, confirmação ou falsificação.

O método do caso é, portanto, englobante. Concita a identificação, o conhecimento e a aplicação de elementos jurídico-normativos diversos: começando em múltiplas normas e princípios jurídicos, isolados ou em articulação, e pela sua interpretação e integração; passando pela elaboração teorética e dogmática que sobre eles versa – a reconstrução sistemático-racional de que são alvo –, pelo estudo da jurisprudência e dos precedentes existentes, úteis para a resolução dos tipos de problemas em causa, etc. Todos os momentos decisivos para a realização do Direito são trazidos, tematizados e articulados de acordo com as suas conexões e prioridades de sentido.

Importa de qualquer modo atender a que, perante o número infindável dos momentos ou locais de interacção entre o sistema e o problema, o método do caso não pode nem deve senão conceber-se como um "método por amostragem" (inteligente) em ordem a uma compreensão criteriosa, adequada e integrada do sistema (na sua dinâmica de realização concreta). Apenas assim se responde adequadamente a essa sua precípua finalidade.

Cap. III – O Método do Caso 149

O método do caso tem, como se depreende, a grande vantagem de envolver os temas grados da metodologia jurídica. Ele viabiliza um *practicum* (vivo) de metodologia". Deste modo, embora a título incidental e indirecto, a sua consagração contribui para colmatar a grave e incompreensível lacuna que resulta do pouco menos que incipiente ensino do método jurídico no curso de licenciatura. Reafirme-se: o ministrar de conhecimentos de metodologia jurídica encontra-se no essencial confinado à cadeira propedêutica de Introdução ao Direito[158]. Ora, o método do caso possibilita sempre uma revisão e um desenvolvimento de tais conhecimentos, embora a título subordinado.

Claro que o método que propugnamos é susceptível de ser empregue na leccionação da própria Metodologia Jurídica. Cremos mesmo que, com este propósito – e depois de tudo o que sinteticamente se apresentou acerca do processo de realização do Direito e da compreensão do Direito que ele postula –, este método é particularmente útil e eficiente na aprendizagem dessa área do saber, simultaneamente ciência e arte. Formulamos por isso votos de que no futuro ele seja considerado e desenvolvido nesta sua específica utilidade. Mas tal afasta-nos já do objectivo essencial do presente relatório, destinado a apresentar e a justificar a leccionação de uma disciplina opcional de Responsabilidade Civil.

Importa, para finalizar, estabelecer uma ponte entre o método do caso e os *modelos de decisão* enquanto arquétipos de resolução de certos conflitos sociais típicos que suscitam uma decisão jurídica. No modelo de decisão, a ciência jurídica orienta a conjugação paradigmática de um conjunto de argumentos (*lato sensu*) susceptíveis de proporcionar resposta a uma situação (típica) que reclama a intervenção do Direito. Nele, os princípios e normas que enformam o sistema surgem devidamente coordenados segundo o seu peso e força específicos em ordem à solução jurídica correcta.

Neste sentido, o modelo de decisão posiciona-se a um nível intermédio entre uma fundamentação "casuística" e a mera articulação abstracta e genérica de princípios e normas (ainda que agrupados, por exem-

---

[158] A Filosofia do Direito é, muito criticavelmente a nosso ver, uma disciplina opcional. Mas a sua passagem a cadeira obrigatória não asseguraria automaticamente a formação metodológica do jurista, pois seria preciso que essa formação fosse erigida a seu objectivo principal, o que não tem sido o caso. (Mas não pode, por outro lado, exagerar-se a importância do método jurídico no contexto das questões jusfilosóficas que interessam à preparação global do jurista.)

150   *Direito Civil – Responsabilidade Civil*

plo, em institutos jurídicos)[159]. De facto, no modelo de decisão, estes últimos apresentam-se já coloridos com o campo (conjugado) de incidência prática que as realidades fácticas lhes desvendam, e é desse modo que imprimem a estrutura do arquétipo de decisão. Por outro lado, o caso objecto do modelo de decisão não é mais considerado como realidade "empírica" a reclamar uma resposta jurídica, mas enquanto função da aplicação de critérios normativo-jurídicos e, portanto, fruto também de uma certa compreensão dos pontos de vista juridicamente relevantes para a decisão e da sua ordenação.

O método do caso traduz, assim, à perfeição, um ensino orientado por modelos de decisão. Representa, se se quiser, o *pendant* pedagógico da realidade e importância dos modelos jurídicos de decisão no processo de realização do Direito e da reflexão jusmetodológica que sobre eles versa.

Apenas se tem de sublinhar que, para exercer adequadamente a sua missão no respeito pela diversidade e autonomia das várias disciplinas jurídicas integrantes do plano de estudos da licenciatura em Direito, o método do caso não pode prescindir de uma cuidadosa selecção das hipóteses jurídicas típicas que são instrumento da aprendizagem, de modo a não invadir as fronteiras de outras áreas jurídicas objecto de lecciona-ção *a se*. Neste aspecto, impõe-se assumir que o emprego do método do caso não pode (ou não deve) seguir tão-só critérios de relevância social empírica do conflito de interesses a prefigurar. Por outra via: se o modelo de decisão não tem de se confinar à solução de um certo problema de direito, o quadro (de estruturação da licenciatura) em que é chamado a ser utilizado recomenda que nele não se conjuguem, para além de certos limites, problemas jurídicos de zonas curriculares díspares. Este pode ser um preço a pagar pela finalidade pedagógica do método do caso: sacrificar (até certo ponto) a força (e justificação como recurso metodológico específico) que advém ao modelo de decisão da regularidade com que o plano da realidade o convoca.

---

[159] O interesse da doutrina pelos modelos de decisão iniciou-se especialmente, entre nós, com MENEZES CORDEIRO: cfr. sobretudo *Tendências actuais da interpretação da lei: do juiz-autómato aos modelos de decisão jurídicos*, Tribuna da Justiça 12 (1985), 1 ss. (Especificamente acerca do modelo *jurídico* de decisão em contraste com outros paradigmas de resolução de conflitos, *vide* já BAPTISTA MACHADO, *Introdução ao Direito e ao Discurso Legitimador*, Coimbra, 1983, 260 ss.)

Pode dizer-se que a presente proposta do método do caso torna pedagogicamente operativa essa atenção da doutrina.

Mutatis mutandis, no que toca às simplificações da realidade que, mesmo sem conduzirem a ultrapassar um certo âmbito do "jurídico", em todo o caso sejam susceptíveis de se justificar do ponto de vista da estratégia da leccionação. O método do caso pode tornar convenientes certas "reduções da complexidade social" (para utilizar a expressão de Luhmann) em nome dessa estratégia.

Apesar disso, não deve olvidar-se a riqueza que o modelo de decisão é susceptível, mesmo assim, de patentear. As *fundamentações paradigmáticas* para *situações paradigmáticas* que nele se albergam podem dizer respeito a situações bastante multifacetadas, onde, *v.g.*, se conjuguem vários problemas jurídicos. Elas podem, por conseguinte, convocar uma variedade grande de normas e princípios, e, ainda, implicar o confronto, a comprovação, a harmonização, ou a falsificação de várias *teorias jurídicas*. Quanto mais assim for, mais abrangente e profícua será a aprendizagem.

Uma última nota para frisar que os modelos de decisão devem incorporar o problema da decisão e aplicação do Direito em *situações de indeterminação*. O método do caso que os operacionaliza em termos pedagógicos há-de portanto proporcionar uma relevantíssima formação no campo do teste das normas e princípios jurídicos relativos ao ónus da prova quanto à verificação dos factos. Mas implica igualmente uma iniciação prática às não menos relevantes regras de repartição do *ónus da argumentação* (por exemplo, com vista a seleccionar, segundo critérios de praticabilidade de análise, entre várias construções ou teorias jurídicas; numa linguagem evocativa das teses de Dworkin, para resolver *hard cases* em situações de impossibilidade ou inexigibilidade de análise jurídica exaustiva). Ou seja: o método do caso pode – e, dando-se a circunstância, deve mesmo – *apelar a um modelo de decisão em cenários de incerteza*, pois urge integrar e compreender tais cenários num arquétipo teórico-prático do processo de realização do Direito que se queira completo e "próximo da vida". Vai aqui, segundo pensamos, uma perspectiva que merece ser realçada; tendo também em atenção o frequente esquecimento a que é devotada.

36. Aspectos pedagógicos e organizativos complementares para a condução profícua de um método de participação activa

Um caso consiste na descrição de uma situação (simuladamente) real, carecente de resolução jurídica. Deste modo, o método do caso dota a formação jurídica de notas mais pragmáticas e concretas que, contrastando com uma preparação dogmática normalmente de pendor abstracto, a enriquecem. Não interessa só a simetria ou a idealidade da ordem jurídica, a lógica harmoniosa das suas proposições e sentidos – a "estética" do sistema, como já lhe chamámos –, mas a sua força e o seu impacto concretos.

A adopção deste método insufla pois "vida" no processo de leccionação, iniciando o estudante na variedade, complexidade e tipicidade dos conflitos humanos, ao mesmo tempo que fomenta o rigor no processo de aplicação-concretização do Direito. Leva a um envolvimento mais fácil e profundo dos alunos em relação aos conhecimentos requeridos para a sua resolução. Sabido, por outro lado, que a capacidade de armazenagem de conhecimentos "teóricos" é limitada, aquela escolha é particularmente idónea a estimular a mestria de procurar correctamente soluções e emitir juízos jurídicos plausíveis.

Dá-se à aprendizagem um toque daquela experiência que só o exercício profissional permite obter e amadurecer, mas que pode ser antecipado (saindo ao passo das críticas – em grande medida injustas – ao ensino do Direito que lhe objectam a falta de pendor profissionalizante, e contribuindo para revelar quão infundado é o desdém com que do lado "profissional" por vezes se encara a formação ministrada na Universidade). Como se salientou, os casos permitem ao aluno colocar-se na situação de decisor (juiz), mas também na de consultor ou advogado (perante as alternativas de resolução que se ofereçem).

Implica-se a capacidade de analisar e compreender situações complexas, de as decompor, de efectuar um correcto diagnóstico dos seus problemas, de prefigurar soluções parciais e de conjunto, e de as articular devidamente, perscrutando os nexos de sentido e as respectivas prioridades.

O método do caso permite conferir o devido lugar aos recursos argumentativos em favor ou contra as soluções equacionadas. Por isso tudo, vincula ao apuramento de um raciocínio distintivo-analítico e incentiva o seu desenvolvimento, sem deixar de apelar a juízos sintéticos e de integração ou harmonização de aspectos parciais do problema.

Ao mesmo tempo, consoante as concretizações que se escolham, estimula a retórica, a oratória e a capacidade de estruturação de um discurso escrito.

O método do caso é, simultaneamente, acessível e difícil de empregar. Por um lado, na Faculdade de Direito de Lisboa, a experiência de aulas práticas por parte da generalidade dos encarregados de regência (e dos respectivos colaboradores) proporciona-lhes uma facilidade de entendimento, praxiológica de base, em ordem à realização dos objectivos do método. Mas, por outro lado, há que reconhecer que o pleno aproveitamento das virtualidades deste método implica um grau de empenhamento e preparação por parte dos docentes que pode ser superior ao esforço requerido para a leccionação tradicional.

Com efeito, tratando-se de um método de ensino susceptível de intervir ao lado do "curso magistral", ele reclama o aprofundamento das possibilidades indutivas da consideração do caso em ordem à compreensão de estruturas genéricas da normatividade jurídica que já não são apresentadas no contexto do ensino sistemático-abstracto tradicional. O método do caso não permite portanto, se quiser ser levado ao apuro devido, aproveitar das facilidades e rotinas criadas (ou susceptíveis de serem criadas) em torno de uma exposição "teórico-reprodutiva" da matéria jurídica.

Para potenciar as suas virtualidades formativas, convém uma criteriosa escolha dos casos que são ferramenta da leccionação, de modo a que estejam tão próximos quanto possível de situações reais da vida[160]. Cuidar-se-á que estes sejam dotados de actualidade e, na medida do talento do seu criador, expostos de modo atractivo. A inspiração na jurisprudência pode ser muito útil, devendo aproveitar-se ao máximo[161].

Também a seriação e sequência de apresentação dos casos não podem ser arbitrárias, havendo de servir harmonicamente as necessidades

---

[160] Neste ponto não pode deixar de se apontar que muitas hipóteses práticas do ensino do Direito se encontram claramente obsoletas, porque referentes a situações de vida que a evolução social, económica, tecnológica e cultural condenou a uma representatividade marginal da realidade. A sua pervivência no ensino do Direito terá várias causas, mas é com certeza eloquentemente demonstrativa de como o método do caso se não pode confundir acriticamente com a leccionação tradicional das aulas práticas.

Também é oportuno manifestar aqui uma preferência congruente por casos que não se confinem, à partida, ao mundo do puramente imaginário (mesmo que haja exercícios magníficos e invejáveis nesse domínio).

[161] Particularmente a do Supremo e das Relações, comodamente acessível na CJ e na CJ (STJ) ou em www.dgsi.pt. Apesar disso, o método do caso não se confunde com o emprego (directo) da jurisprudência na leccionação. Este tem a enorme desvantagem de não proporcionar a selecção das áreas problemáticas segundo as necessidades de aprendizagem dos alunos e critérios de conveniência pedagógica. Por essa razão nos limitamos a dizer que o método do caso se deve inspirar, na medida do possível, na prática decisória dos tribunais (sendo que, onde tal se afigura adequado, a aprendizagem é também, então, um contacto com as correntes e orientações jurisprudenciais cuja consideração é essencial no trabalho diário do jurista).

154   *Direito Civil – Responsabilidade Civil*

de leccionação. É possível configurar um curso alicerçado no método do caso em paulatino crescendo de dificuldade. A oportunidade de retornar a aspectos já abordados no âmbito de casos mais complexos (em fase mais adiantada) permite uma progressão da compreensão das matérias em espiral hermenêutica que pode ser pedagogicamente muito interessante.

Não deve ainda esquecer-se que um dos principais méritos do método do caso se traduz precisamente na possibilidade de aprender a estruturar adequadamente as respostas, posicionando as alternativas que surgem no *iter* da solução segundo critérios de precedência, juridicamente fundados, de sectores normativos uns em relação aos outros. Com este tipo de exercício o aluno é idealmente introduzido no sistema (interno) de articulação dos critérios jurídicos entre si, obtendo um conhecimento escalonado da ordem jurídica (das suas normas e princípios), com o que se propicia o desenvolvimento das capacidades de uma congruente fundamentação das decisões jurídicas.

Pensamos por outro lado que o método do caso deve ser praticado como *método activo de aprendizagem*, incentivando a iniciativa dos alunos e a descoberta, por eles próprios, de alternativas e elementos de decisão. Segundo esta configuração, contrastará, portanto, claramente, com o incremento de conhecimentos proporcionados ao aluno pela mera comunicação do professor, ainda que na base de casos (jurisprudenciais ou simulados).

Estamos persuadidos de que os métodos activos têm particular importância nos campos do saber ou actuar humanos em que o grau de empenhamento pessoal do sujeito (da sua subjectividade) é mais relevante. A preocupação de orientar com vista ao exercício de profissões jurídicas recomenda-os inequivocamente. E, consoante as circunstâncias ou conveniências, podem favorecer-se trabalhos de grupo ou desenvolver simulações de julgamento.

A fim de realizar a função de método activo, afigura-se necessário que os casos indutores de aprendizagem sejam proporcionados aos alunos com a antecedência conveniente para possibilitar a sua preparação. Mas requere-se não menos uma (prévia) preparação adequada do docente. A este se pede que conduza a discussão e os argumentos dos discentes.

Para tanto, deverá, por exemplo, ser capaz de sintetizar, agrupar e ordenar os pontos de vista que vão surgindo do diálogo, de acordo com critérios juridicamente relevantes; realizar as perguntas pertinentes para suprir as lacunas e insuficiências das respostas, redirigindo a análise para os aspectos temáticos mais produtivos; efectuar as conexões argumentativas adequadas; evitar antecipações quanto à solução preferível para dar a respectiva iniciativa aos alunos; mas ser capaz de uma síntese final reconstitutiva dos passos mais importantes que foram ensaiados até à solução, sublinhando os conhecimentos principais que o caso permitiu descobrir ou testar.

A condução de uma aula segundo o método do caso (na sua versão de método de participação activa) está, por natureza, dependente da contingência trazida ao seu decurso pelas intervenções e tomadas de posição dos alunos, normalmente nunca de todo previsíveis. Ao docente pede-se, porém, que, definindo com exactidão os objectivos de aprendizagem a alcançar através da discussão de um certo caso, prefigure em preparação da aula os cenários mais prováveis do diálogo, e organize previamente os tópicos ou argumentos mais relevantes tendo em conta os objectivos da leccionação.

Insiste-se: durante a aula deverá sem dúvida evitar-se fazer do caso um simples pretexto para uma prelecção teórica já desligada da situação escolhida, mas tem de obstar-se não menos à desorientação que poderia resultar, para os alunos, de uma amálgama acrítica e desgarrada de conhecimentos referenciados. Por isso, sem prejuízo da desejabilidade da intervenção dos alunos, a aula terá de ser sempre conduzida activamente pelo docente, a quem cabe uma função orientadora das tomadas de posição dos discentes, a elaboração de sínteses parcelares e provisórias que permitam colocar o diálogo num patamar de exigência superior, a eliminação de focos de discussão inúteis ou desproporcionados, a especificação e simplificação de questões ou pontos de vista pertinentemente apresentados, reduzindo-os a uma expressão singela e clara que facilite a sua compreensão.

Seria, no final, desejável que o docente, por si só ou coadjuvado por algum aluno a quem tivesse sido dada a missão de registar as principais conclusões da aula, proporcionasse aos alunos uma breve súmula dos aspectos essenciais a reter do caso estudado e resolvido (ou das linhas de força a desenvolver pelos alunos na sua preparação individual).

Ao método do caso, assim configurado, podem erguer-se todavia duas reservas principais no plano da praticabilidade que convém considerar.

Em primeiro lugar, dir-se-á que ele não é exequível perante um número excessivo de alunos. A crítica não depõe porém – sublinhe-se – contra o seu mérito. Atinge apenas as suas condições de utilização, o que é completamente diferente.

De facto, a força da objecção depende do número efectivo de inscritos na disciplina que adopte esse método no pressuposto de que a Faculdade tem de garantir a todos os interessados a frequência (em certos moldes) de uma disciplina, estando-lhe vedado indicar um *numerus clausus* e os critérios correspondentes de selecção: é a prática tradicional entre nós, mas ela não corresponde a uma evidência insusceptível de discussão, assim como não se adequará muitas vezes a cenários de escassez de recursos docentes.

De todo o modo, mesmo sem condições de optimização, o método do caso é susceptível de ser utilizado perante um grupo numeroso de alunos. A participação oral de cada um deles terá de cercear-se proporcionalmente em função da dimensão do grupo, mas nem por isso se põem em causa as oportunidades de trabalho pessoal activo de todos com casos. A desejável disponibilidade dos docentes para esclarecer dúvidas remanescentes fora das aulas – preenchendo os tempos de atendimento dos alunos – colmatará largamente o défice de participação individual resultante da insuficiência das condições objectivas deste tipo de ensino.

Cremos, aliás, que no campo das disciplinas opcionais de formação avançada (como o é a "Responsabilidade Civil"), este problema se esbate ou dilui mesmo, com frequência.

O segundo obstáculo susceptível de ser aduzido diz respeito à dificuldade de conciliar o método do caso (erguido a método precípuo de leccionação) com a distinção entre aulas teóricas e práticas e o respectivo plano. Supomos que a questão se tem de pôr rigorosamente ao contrário. Não é a organização e a configuração dos tempos lectivos que deve rigidamente condicionar o método pedagógico, mas precisamente o inverso: o método de ensino tem de ter proeminência sobre a organização e a configuração dos tempos lectivos.

Assente esta premissa, cumpre reconhecer que o método do caso permite flexibilizar a organização e configuração dos tempos lectivos. Assim, ele responde particularmente bem a algumas necessidades de reestruturação dos tempos lectivos da licenciatura em Direito que, por razões diversas (das pedagógicas), se vêm também fazendo sentir.

Seja como for, importa frisar que o método do caso permite avançar para a supressão da tradicional distinção entre aulas práticas e teóricas (sem perda da aprendizagem activa e, mesmo, da avaliação contínua). As aulas poderão passar a ser, ora teóricas, ora teórico-práticas, numa articulação e proporção dependente do relevo que se queira atribuir ao método do caso. E pode-se ponderar a alteração da duração dos tempos lectivos, alongando-os para períodos mais consentâneos com as necessidades pedagógicas desse método.

Neste quadro, o papel das aulas práticas reduz-se: a sua função será tão-só a de acompanhar mais de perto os alunos no seu estudo individual, nomeadamente pelo esclarecimento de dúvidas e pela revisão de matérias; o seu número pode ser substancialmente diminuído (permanecendo embora a sua responsabilidade a cargo dos assistentes da cadeira). Observe-se que conteúdos habituais de aulas práticas como o exame crítico de correntes jurisprudenciais ou doutrinárias, a comparação de ordens jurídicas, a discussão de construções dogmáticas e o debate das opções de política legislativa tendo em conta a realidade a elas subjacente são amplamente absorvíveis pelo método do caso.

Por outro lado, a apreciação e classificação da prestação individual dos alunos dentro do actual modelo da avaliação contínua não é posta em causa. Se concebemos o método do caso como método de ensino e não enquanto forma de avaliação contínua, é evidente que o estímulo da participação dos alunos, oral ou escrita, que ele propicia, permite realizar essa avaliação, segundo os moldes correntes, por isso que reforça ou sublinha as suas condições, sem qualquer limitação específica. Julgamos realmente que no âmbito da cadeira de especialização de Responsabilidade Civil se deve possibilitar aos alunos essa modalidade de avaliação, sem dúvida a que melhor se coordena com a filosofia do método do caso, ao fomentar a qualidade de uma aprendizagem regular por um processo de participação activa. Apenas se requererá a adequada conjugação da apreciação da prestação dos alunos nas aulas teórico-práticas e práticas. É certamente sabido que, numa disciplina semestral, a factibilidade da avaliação contínua se reduz, e que esta pode ter de evoluir para um sistema "misto", com recurso a avaliações escritas periódicas, sobretudo se o número de alunos por turma for muito elevado, atenta a escassez de docentes. Mas tal não é problema particular, quer da disciplina de Responsabilidade Civil, quer do método do caso.

Numa visão de conjunto fica, em consequência, esbatida a rigidez da distinção entre o papel do doutorado encarregado de regência e o dos assistentes do actual paradigma do ensino. Deste modo se facilita a afectação de doutorados a outros modos de leccionação além das aulas magistrais; um caminho que parece inexorável tendo em conta o crescente número de doutores na Faculdade de Direito de Lisboa, mas que, por outro lado, lhe permitirá paulatinamente dispensar tão grande quantidade de assistentes e funcionar com uma *ratio* mais equilibrada entre as várias categorias de pessoal docente (num processo de maior qualificação global deste último).

No entanto, cumpre recordar que o método do caso é susceptível de ser empregue mesmo no actual quadro da distinção entre aulas teóricas e práticas. De facto, as aulas teóricas podem manter-se (porventura em menor número) como aulas magistrais com vista à explanação (preliminar) das estruturas fundamentais da matéria: o método do caso combina--se idealmente com essas aulas, e não tem – na nossa perspectiva – ambição de as substituir, mas tão-só complementar. O lugar do método do caso poderá ser então, dentro da actual estruturação dos tempos lectivos, o das aulas práticas.

É certo que este confinar do método do caso ao espaço habitual das aulas práticas e a uma utilização por assistentes o pode desgraduar em relação à função que lhe assinalámos de método principal de leccionação. Atinge-se a unidade da leccionação (através do caso) que uma aula teórico-prática do regente asseguraria e corre-se o risco de satelitizar o método do caso, caindo sem mais na prática corrente de leccionação da Faculdade de Direito. Tal não é, porém, inexorável, pois as virtualidades do método podem alcançar-se ainda, se o regente tomar a seu cargo a elaboração dos casos, formar os seus assistentes na sua resolução e controlar interventivamente a sua utilização.

Temos portanto que o método do caso, quaisquer que sejam as suas condições de exequibilidade no momento presente – e já se viu que ele está longe de ser hoje impraticável –, mantém íntegro o seu papel de referencial pedagógico, como, apontando para o futuro, conserva intacto o seu mérito no quadro da discussão em torno das inevitáveis modificações que a concepção da licenciatura em Direito irá sofrer. Por tudo isso, supõe-se estar plenamente justificada a sua apresentação e defesa no actual relatório.

37. Alguns exemplos

Colorandi causa, indicam-se alguns casos susceptíveis de proporcionar a realização do método apresentado no presente relatório.

O primeiro evidencia o quanto a disciplina de Responsabilidade Civil, nomeadamente através da análise dos seus pressupostos, pode contribuir para a formação do aluno nas áreas do direito substantivo que com ela se articulam, obrigando-o a penetrar nas suas conexões e prioridades internas.

O segundo pretende sobretudo relembrar e testar certas estruturações básicas do direito da imputação dos danos, pertencentes à sua doutrina comum ou geral, convidando simultaneamente à reflexão sobre alguns dos seus modernos desenvolvimentos.

O terceiro orienta-se para um aprofundamento sectorial da responsabilidade civil – como responsabilidade civil especial –, numa área muito actual de discussão doutrinária e de grande interesse prático.

O quarto sublinha especialmente a concatenação com a vida que é mérito pedagógico do método escolhido.

Cobrem-se assim, com exemplos, um conjunto de grandes preocupações que, como se anunciou, hão-de nortear o ensino da disciplina opcional de Responsabilidade Civil.

1.º caso

A, engenheiro electrotécnico, foi contactado por **B**, director de serviço de uma grande empresa (detida pela sociedade **C**), a fim de elaborar um projecto de electrificação de uma nova unidade fabril. O contrato foi celebrado por escrito, tendo **B,** o rosto público da instalação da nova fábrica, outorgado em nome de **C**. **C** recusou porém, mais tarde, o pagamento dos honorários acordados, aliás cerca de 20% mais elevados do que o que resultaria dos critérios de fixação da remuneração habituais para esse tipo de projectos. Com surpresa de **A**, **C** invocou para tanto que o aludido director de serviço não detinha poderes para a vincular, cabendo pelo contrário esses poderes exclusivamente, segundo os estatutos, ao conselho de administração de **C**. Verificou-se, de todo o modo, que o projecto apresentado foi parcialmente aproveitado e executado por **C** na construção da nova unidade fabril.

Quid iuris?

2.º caso

D, uma firma de auditoria com renome pela qualidade e independência das suas auditorias, foi contratada pela sociedade **E** para proceder a um exame da respectiva situação financeira. Foi-lhe comunicado na ocasião que **E** pensava levar essa avaliação à apreciação do Banco **F,** com o qual **E** estava a negociar as condições para a concessão de um avultado crédito.

Apresentados os resultados da auditoria, que concluíram sem reservas no sentido da saúde financeira de **E,** o Banco **F** concedeu o crédito pretendido.

Posteriormente, descobriu-se que a auditoria realizada havia omitido completamente, por um erro grosseiro, do passivo da sociedade **E,** duas garantias que ela contraíra em favor de um outro credor, cujo montante ascendia a 10 milhões de euros. O Banco **F** viu-se, por causa delas, impedido de cobrar os seus créditos a **E.**

Poderá **F** demandar a firma de auditoria pelos prejuízos sofridos com a concessão do crédito?

3.º caso

G é administrador-delegado da sociedade anónima **H,** que se dedica à produção de medicamentos. Nessa qualidade, recebeu de **I** uma proposta de venda de um terreno para onde a sociedade **H** poderia expandir um laboratório de pesquisa que detinha. **G** comprou o terreno para si e, um ano mais tarde, após ter logrado sensibilizar os demais administradores para a conveniência da expansão da referida unidade fabril, predispôs-se a vender esse terreno à sociedade por um preço 10% superior àquele que tinha dado por ele.

Ao mesmo tempo, tendo conhecimento de que, graças às pesquisas do centro de investigação da sociedade, ela estaria em breve em condições de poder lançar no mercado um medicamento de grande alcance no tratamento de certas doenças infectocontagiosas, e aproveitando-se do baixo momento das bolsas mundiais, **G** propôs a um conjunto de accionistas a compra das respectivas acções, no que estes acederam. Mais tarde, esses accionistas vieram a saber pelos jornais que as acções da empresa, graças ao medicamento descoberto, se valorizaram em 50%. E queixaram-se aos demais administradores, de quem esperavam o acompanhamento da operação de transacção das acções, dada a dimensão de que esta se revestiu.

Quid iuris?

4.º caso

"Variações" sobre a queda da ponte de Entre-os-Rios.

BIBLIOGRAFIA

O método do caso impõe estudo e preparação individual. Não há nenhum manual (auto-suficiente) que acompanhe e sustente a sua aplicação. Mesmo que o docente da disciplina de Responsabilidade Civil elabore lições ou disponha de elementos de estudo da sua autoria, o aluno há-de procurar adquirir na bibliografia razoavelmente acessível os conhecimentos necessários à sua participação no método, e sedimentar ou desenvolver, com auxílio dela, aqueles que por via deste adquiriu de modo autónomo. Se possível, guiado pelas grelhas ou tópicos de solução proporcionados pelo docente.

Num outro plano, verifica-se uma ausência de lições especificamente dedicadas à responsabilidade civil no nosso país. Se descontarmos os manuais universitários gerais de Direito das Obrigações, a temática da imputação de danos apresenta-se tão-só tratada em monografias especializadas (aliás cada vez mais numerosas), embora a esse nível se encontrem textos bastante abrangentes no que toca às respectivas matérias. Uns e outras devem naturalmente ser aproveitados.

Por outro lado, observa-se que a indicação de elementos estrangeiros tem evidentes limitações quando feita no curso de licenciatura. Uma perspectiva pragmática que combine a consciência deste facto com a necessidade de conhecer a doutrina nacional – à qual sempre se deve dar preferência – levará ao reconhecimento da improdutividade de assinalar aos alunos extensas listas bibliográficas estrangeiras que apenas podem interessar a especialistas e a estudos mais avançados de investigação.

Dentro da preocupação estritamente pedagógica que determina, no presente relatório, a indicação de elementos escritos de aprendizagem, devem recomendar-se, por outro lado, essencialmente, aqueles livros estrangeiros que se encontram efectivamente disponíveis para consulta na biblioteca da Faculdade de Direito de Lisboa. Daí a necessidade de referenciar obras ou edições menos recentes. Embora o acervo de

164 *Direito Civil – Responsabilidade Civil*

livros disponíveis não permita cobrir de forma inteiramente igual todas as rubricas do programa, ele apresenta-se perfeitamente suficiente para proporcionar o apoio indispensável da leccionação da cadeira de Responsabilidade Civil. Para complementar há, ainda assim, uma ou outra referência a obras estrangeiras existentes na Biblioteca João Paulo II, da Universidade Católica Portuguesa, comodamente acessível aos alunos da Faculdade de Direito.

Por este conjunto de razões, a bibliografia que se apresenta apenas procura ser, sem pretensão de exaustividade, um efectivo, eficiente e praticável instrumento do método do caso. Dentro da temática da responsabilidade civil, ela orienta-se pelos conteúdos acima escolhidos. Privilegiou-se a doutrina nacional. Aos interessados podem sempre ser dadas específicas indicações bibliográficas suplementares.

A selecção de títulos sugerida é, assim, a seguinte:

ALARCÃO, RUI DE – *Direito das Obrigações*, Coimbra, 1983 (policop.).

ALBUQUERQUE, PEDRO DE – *A aplicação do prazo prescricional do n.º 1 do art. 498 do Código Civil à responsabilidade civil contratual*, ROA 49 (1989), 793 ss.

ALBUQUERQUE, RUY DE – *Da culpa in contrahendo no direito luso-brasileiro*, Lisboa, 1961 (dact.).

ALMEIDA, L. P. MOITINHO DE – *Responsabilidade Civil dos Advogados*, 2.ª edição, Coimbra, 1998.

ALMEIDA, MARGARIDA MARIA MATOS CORREIA AZEVEDO DE – *A Responsabilidade Civil do Banqueiro perante os Credores da Empresa Financiada*, Coimbra, 2003.

ALPA, GUIDO/BESSONE, MARIO – *Atipicità dell'illecito*, I, Milano, 1980, e II, Milano, 1977.

AMARAL, DIOGO FREITAS/MEDEIROS, RUI – *Responsabilidade civil do Estado por omissão de medidas legislativas – O caso Aquaparque*, RDES, ano XLI, n.os 3 e 4 (Agosto-Dezembro 2000), 299 ss.

AMARAL, MARIA LÚCIA – *Responsabilidade do Estado e Dever de Indemnizar do Legislador*, Coimbra, 1998.

ANDRADE, MANUEL DE – *Teoria Geral das Obrigações*, 2.ª edição, Coimbra, 1963.

ANTUNES, HENRIQUE SOUSA – *Responsabilidade Civil dos Obrigados à Vigilância de Pessoa naturalmente Incapaz*, Lisboa, 2000.

ANTUNES, L. F. COLAÇO – *Poluição industrial e dano ambiental: as novas afinidades electivas da responsabilidade civil*, separata do BFDUC (vol. LXVII), Coimbra, 1992.

ASCENSÃO, JOSÉ DE OLIVEIRA/FRADA, MANUEL A. CARNEIRO DA FRADA – *Contrato celebrado por agente de pessoa colectiva. Representação, responsabilidade e enriquecimento sem causa*, RDE XVI-XIX (1990--93), 43 ss.

ATIYAH, P.S. – *The Damages Lottery*, Oxford, 1997.

BAKER, C. D. – *Tort*, 5.ª edição, London, 1991.

BEATSON, J. – *Anson's Law of Contract*, 27.ª edição, Oxford, New York, 1998.

BIANCA, C. M. – *La Responsabilità*, Milano, 2001 (reimpr.).

BUSNELLI, FRANCESCO D./ PATTI, SALVATORE – *Danno e Responsabilità civile*, Torino, 1997.

CABRAL, RITA AMARAL – *Anotação ao acórdão arbitral de 31 de Março de 1993*, ROA 55 (1995), 191 ss.

CAMPOS, DIOGO LEITE DE – *A vida, a morte e a sua indemnização*, em Nós (Estudos sobre o Direito das Pessoas), Coimbra, 2004, 359 ss.

CAMPOS, DIOGO LEITE DE – *Seguro de Responsabilidade Civil fundada em Acidentes de Viação: da Natureza Jurídica*, Coimbra, 1971.

CANE, PETER – *The Anatomy of Tort Law*, Oxford, 1997.

CANOTILHO, J. J. GOMES – *"A responsabilidade por danos ambientais – Aproximação juspublicística"*, in Direito do Ambiente, Lisboa, 1994, 397 ss.

CANOTILHO, J. J. GOMES – *"Actos autorizativos jurídico-públicos e responsabilidade por danos ambientais"*, BFDUC (vol. XLIX), 1 ss.

CARVALHO, PEDRO NUNES DE – *Omissão e Dever de Agir em Direito Civil*, Coimbra, 1999.

CASIMIRO, SOFIA DE VASCONCELOS – *A Responsabilidade Civil pelo Conteúdo da Informação transmitida via Internet*, Coimbra, 2000.

CASTRONOVO, CARLO – *La Nuova Responsabilità Civile/Regola e metafora*, Milano, 1991.

CLERK & LINDSELL – *Torts*, 15.ª edição, London, 1982.

COELHO, FRANCISCO PEREIRA – *Culpa do lesante e extensão da reparação*, RDES, ano VI (1950), 68 ss.

COELHO, FRANCISCO PEREIRA – *O Enriquecimento e o Dano*, Coimbra, 1999 (reimpr.).

COELHO, FRANCISCO PEREIRA – *O Nexo de Causalidade na Responsabilidade Civil*, BFDUC, Supl. IX (1951), 65 ss.

166   *Direito Civil – Responsabilidade Civil*

COELHO, FRANCISCO PEREIRA – *O Problema da Causa Virtual na Responsabillidade Civil*, Coimbra, 1956.

COLEMAN, JULES – *Risks and Wrongs*, New York, Victoria, 1992.

CORDEIRO, ANTÓNIO MENEZES – *Concessão de crédito e responsabilidade bancária*, in Banca, Bolsa e Crédito/Estudos de direito comercial e de direito da economia, Coimbra, 1990, 9 ss.

CORDEIRO, ANTÓNIO MENEZES – *Da Responsabilidade Civil dos Administradores das Sociedades Comerciais*, Lisboa, 1996.

CORDEIRO, ANTÓNIO MENEZES – *Direito das Obrigações*, I e II, Lisboa, 1988 (reimpr.).

CORDEIRO, ANTÓNIO MENEZES – *Tutela do Ambiente e Direito Civil*, in Direito do Ambiente, Lisboa, 1994, 377 ss.

COSTA, MÁRIO JÚLIO DE ALMEIDA – *Direito das Obrigações*, 9.ª edição, Coimbra, 2004.

COSTA, MÁRIO JÚLIO DE ALMEIDA – *Responsabilidade civil pela ruptura das negociações preparatórias de um contrato* (reimpr.), Coimbra, 1994.

DEUTSCH, ERWIN – *Allgemeines Haftungsrecht*, 5.ª edição, Köln, Berlin, Bonn, München, 1996.

DEUTSCH, ERWIN/AHRENS, HANS-JÜRGEN – *Deliktsrecht (Unerlaubte Handlungen – Schadensersatz – Schmerzensgeld)*, 4.ª edição, Köln, Berlin, Bonn, München, 2002.

DIAS, JOÃO ÁLVARO – *O Dano Corporal*, Coimbra, 2001.

DIAS, JORGE FIGUEIREDO/MONTEIRO, JORGE SINDE – *Responsabilidade Médica em Portugal*, sep. do BMJ 332, Lisboa, 1984.

DIAS, NÉLIA DANIEL – *A Responsabilidade Civil do Juiz*, Coimbra, 2004.

ENGLARD, IZHAK – *The Philosophy of Tort Law*, Aldershot, Brookfield USA, Hong Kong, Singapore, Sydney, 1993.

ESSER, JOSEF/SCHMIDT, EIKE – *Schuldrecht/Allgemeiner Teil*, I/1, 8.ª edição, Heidelberg, 1995, e I/2, 8.ª edição, Heidelberg, 2000.

ESSER, JOSEF/WEYERS, LEO – *Schuldrecht/Besonderer Teil*, I/1, 8.ª edição, Heidelberg 1998, e I/2, 8.ª edição, Heidelberg 2000.

FARIA, JORGE RIBEIRO DE – *Direito das Obrigações*, I e II, Coimbra, 1990.

FARNSWORTH, E. ALLAN – *On Contracts*, 2.ª edição, Gaitersburgh, New York, 1998.

FERRARINI, GUIDO – *La Responsabilità da Prospetto/Informazione societaria e tutela degli investitori*, Milano, 1986.

FIKENTSCHER, WOLFGANG – *Schuldrecht*, 9.ª edição, Berlin, New York, 1997.

FLEMING, J. G. – *The Law of Torts*, 9.ª edição, Sydney, 1998.

FRADA, MANUEL A. CARNEIRO DA – *A responsabilidade objectiva por facto de outrem face à distinção entre responsabilidade obrigacional e aquiliana*, Direito e Justiça XII/2, 1998, 297 ss.

FRADA, MANUEL A. CARNEIRO DA – *Contrato e Deveres de Protecção*, Coimbra, 1994.

FRADA, MANUEL A. CARNEIRO DA – *Perturbações típicas do contrato de compra e venda*, in Direito das Obrigações/Contratos em Especial (coord. de Menezes Cordeiro), Lisboa, 1991, 49 ss.

FRADA, MANUEL A. CARNEIRO DA – *Teoria da Confiança e Responsabilidade Civil*, Coimbra, 2003.

FRADA, MANUEL A. CARNEIRO DA – *Uma "Terceira Via" no Direito da Responsabilidade Civil?/O problema da imputação dos danos causados a terceiros por auditores de sociedades*, Coimbra, 1997.

FRADA, MANUEL A. CARNEIRO DA – *"Vinho novo em odres velhos?"/A responsabilidade civil das "operadoras de Internet" e a doutrina comum da imputação de danos*, ROA 59 (1999), 665 ss.

FRADA, MANUEL A. CARNEIRO DA/ASCENSÃO, JOSÉ DE OLIVEIRA – *vide* ASCENSÃO, JOSÉ DE OLIVEIRA/FRADA, MANUEL A. CARNEIRO DA.

FRANZONI, MASSIMO – *Colpa Presunta e Responsabilità del Debitore*, Padova, 1988.

GALGANO, F. – *Diritto Civile e Commerciale*, II, 3.ª edição, Padova, 1999.

GARCIA, MARIA DA GLÓRIA – *A Responsabilidade Civil do Estado e demais Pessoas Colectivas Públicas*, Lisboa, 1997.

GERALDES, ANTÓNIO SANTOS – *Indemnização do Dano da Provação do Uso*, Coimbra, 2001.

GOMES, JÚLIO V. – *O Conceito de Enriquecimento, o Enriquecimento Forçado e os vários Paradigmas do Enriquecimento sem Causa*, Porto, 1998.

GOMES, MANUEL JANUÁRIO DA COSTA – *Assunção Fidejussória de Dívida – Sobre o sentido e o âmbito da vinculação como fiador*, Coimbra, 1999 (polic.).

JORGE, FERNANDO PESSOA – *Direito das Obrigações*, I, Lisboa, 1975/1976.

JORGE, FERNANDO PESSOA – *Ensaio sobre os Pressupostos da Responsabilidade Civil*, Coimbra, 1999 (reimpr.)

JORGE, FERNANDO PESSOA – *Erro de avaliação na venda de empresa privatizada*, O Direito 125 (1993), 357 ss.

JÚNIOR, EDUARDO SANTOS – *Da Responsabilidade Civil de Terceiro por Lesão do Crédito*, Coimbra, 2003.

168 Direito Civil – Responsabilidade Civil

Koenig, Thomas H. /Rustad, Michael L. – *In Defense of Tort Law*, New York and London, 2001.

Koziol, Helmut – *Österreichisches Haftpflichtrecht, I (Allgemeiner Teil)*, 3.ª edição, Wien, 1997, e *II (Besonderer Teil)*, 2.ª edição, Wien, 1984.

La Responsabilité (Aspects nouveaux), Travaux de l'Association Henri Capitant, Journées Panaméennes, Tome L (1999), Paris, 2003.

Lange, Hermann – *Schadensersatz*, in Handbuch des Schuldrechts, 2.ª edição, Tübingen, 1990.

Larenz, Karl – *Lehrbuch des Schuldrechts, I (Allgemeiner Teil)*, 14.ª edição, München, 1987, II/1 *(Besonderer Teil)*, 13.ª edição, München, 1986.

Larenz, Karl/Canaris, Claus-Wilhelm – *Lehrbuch des Schuldrechts, II/2*, 13.ª edição, München, 1994.

Le Tourneau, Philippe – *La Responsabilité Civile*, I, Paris, 1972.

Leitão, Adelaide Menezes – *Estudo de Direito Privado sobre a Cláusula Geral de Concorrência Desleal*, Coimbra, 2000.

Leitão, Luís Menezes – *A Responsabilidade do Gestor perante o Dono do Negócio no Direito Civil Português*, Lisboa, 1991.

Leitão, Luís Menezes – *Direito das Obrigações*, I, 3.ª edição, Coimbra, 2003, e II, 2.ª edição, Coimbra, 2003.

Leitão, Luís Menezes – *O Enriquecimento sem Causa no Direito Civil*, Lisboa, 1996.

Lima, Fernando Andrade Pires de/Varela, João de Matos Antunes – *Código Civil anotado*, I, 4.ª edição, Coimbra, 1987, e II, 4.ª edição, Coimbra, 1997.

Machado, João Baptista – *A cláusula do razoável*, in Obra Dispersa, I, Braga, 1991, 457 ss.

Machado, João Baptista – *Tutela da confiança e venire contra factum proprium*, in Obra Dispersa, I, Braga, 1991, 345 ss.

Marcelino, Américo – *Acidentes de Viação e Responsabilidade Civil*, 6.ª edição, Coimbra, 2004.

Markesinis, B.S. – *The German Law of Torts*, 3.ª edição, Oxford, 1994.

Martinez, P. Romano – *Responsabilidade civil do empreiteiro por danos causados a terceiros*, in Estudo em Homenagem ao Professor Doutor Pedro Soares Martinez, I (Vária), Coimbra, 2000, 785 ss.

Medeiros, Rui – *Ensaio sobre a Responsabilidade Civil do Estado por Actos Legislativos*, Coimbra, 1991.

MEDICUS, DIETER – *Schuldrecht I (Allgemeiner Teil)*, 12.ª edição, München, 2000, e *Schuldrecht II (Besonderer Teil)*, 10.ª edição, München, 2000.

MELLO, ALBERTO DE SÁ E – *Critérios de apreciação da culpa na responsabilidade civil/Breve anotação ao regime do Código*, ROA 49 (1989), 519 ss.

MESQUITA, MANUEL HENRIQUE – *Oferta pública de venda de acções e violação de deveres de informar (Comentário a uma operação de privatização)*, Coimbra, 1996.

MIRANDA, JORGE – *A Constituição e o direito do ambiente*, in Direito do Ambiente, Lisboa, 1994, 353 ss.

MIRANDA, JORGE – *A Constituição e a responsabilidade civil do Estado*, in Estudos em Homenagem ao Prof. Doutor Rogério Soares, Coimbra, 2001, 927 ss.

MONIZ, ANA RAQUEL GONÇALVES – *Responsabilidade Civil Extracontratual por Danos Resultantes da Prestação de Cuidados de Saúde em Estabelecimentos Públicos: o acesso à justiça administrativa*, Coimbra, 2003.

MONTEIRO, ANTÓNIO PINTO – *Cláusula Penal e Indemnização*, Coimbra, 1990.

MONTEIRO, ANTÓNIO PINTO – *Cláusulas Limitativas e de Exclusão da Responsabilidade Civil*, Coimbra, 1985.

MONTEIRO, JORGE SINDE – *"Análise económica do direito"*, sep. BFDUC LVII (1981).

MONTEIRO, JORGE SINDE – *"Responsabilidade por culpa, responsabilidade objectiva, seguro de acidentes"*, in Estudos sobre a Responsabilidade Civil, II, Coimbra, 1983.

MONTEIRO, JORGE SINDE – *Responsabilidade por Conselhos, Recomendações ou Informações*, Coimbra, 1989.

MÚRIAS, PEDRO – *Por uma Distribuição Fundamentada do Ónus da Prova*, Lisboa, 2000.

NUNES, PEDRO CAETANO – *Responsabilidade Civil dos Administradores perante os Accionistas*, Coimbra, 2001.

PEREIRA, CÉLIA SOUSA – *Arbitramento de Reparação Provisória*, Coimbra, 2003.

PEREIRA, JOÃO AVEIRO – *A Responsabilidade Civil por Actos Jurisdicionais*, Coimbra, 2001.

PINA, CARLOS COSTA – *Dever de Informação e Responsabilidade por Prospecto no Mercado Primário de Valores Mobiliários*, Coimbra, 1999.

170   *Direito Civil – Responsabilidade Civil*

Pinto, Carlos Alberto da Mota – *A responsabilidade pré-negocial pela não conclusão dos contratos*, Coimbra, 1963 (sep. BFDUC).

Pozzo, Barbara – *Il Danno Ambientale*, Milano, 1998.

Prata, Ana – *Notas sobre a Responsabilidade Pré-Contratual*, Lisboa, 1991.

Proença, José Carlos Brandão – *A Conduta do Lesado como Pressuposto e Critério de Imputação do Dano Extracontratual*, Coimbra, 1997.

Prosser/Keeton – *On Torts*, 5.ª edição, St. Paul, Minnesota, 1984.

Quadros, Fausto de – *A Protecção da Propriedade Privada pelo Direito Internacional Público*, Coimbra, 1998 (293 ss, 367 ss).

Quadros, Fausto de – *Responsabilidade Civil Extracontratual da Administração Pública* (coord.), 2.ª edição, Coimbra, 2004.

Ramos, Maria Elisabete – *Responsabilidade Civil dos Administradores e Directores de Sociedades Anónimas perante os Credores Sociais*, Coimbra, 1995.

Rangel, Rui Manuel de Freitas – *A Reparação Judicial dos Danos na Responsabilidade Civil (Um olhar sobre a jurisprudência)*, Coimbra, 2004.

Sá, Almeno de – *Responsabilidade bancária: dever pré-contratual de informação e corte de crédito*, anotação ao Acórdão do Supremo Tribunal de Justiça de 14 de Novembro de 1991, RDE XVI-XIX (1990-1993), 607 ss.

Schlechtriem, Peter – *Schuldrecht/Allgemeiner Teil*, 4.ª edição, Tübingen, 2000, e *Schuldrecht/Besonderer Teil*, 5.ª edição, Tübingen, 1998.

Sendim, José Cunhal – *Responsabilidade Civil por Danos Ecológicos/Da reparação do dano através de restauração natural*, Coimbra, 1998.

Serra, Adriano Pais da Silva Vaz – *Abuso do direito (em matéria de responsabilidade civil)*, BMJ 85 (1959), 243 ss.

Serra, Adriano Pais da Silva Vaz – *Culpa do devedor ou do agente*, BMJ 68 (1957), 13 ss.

Serra, Adriano Pais da Silva Vaz – *Fundamento da responsabilidade civil (em especial, responsabilidade por acidentes de viação terrestre e por intervenções lícitas)*, BMJ 90 (1959), 5 ss.

Serra, Adriano Pais da Silva Vaz – *O dever de indemnizar e o interesse de terceiro. Conculpabilidade do prejudicado*, BMJ 86 (1959), 103 ss.

Serra, Adriano Pais da Silva Vaz – *Obrigação de Indemnização (Colocação. Fontes, Conceito e espécies de dano. Nexo causal. Extensão do dever de indemnizar. Espécies de indemnização). Direito de abstenção e de remoção*, BMJ 84 (1959), 5 ss.

Serra, Adriano Pais da Silva Vaz – *Reparação do dano não patrimonial*, BMJ 83 (1959), 69 ss.

Serra, Adriano Pais da Silva Vaz – *Requisitos da responsabilidade civil*, BMJ 92 (1960), 38 ss.

Serra, Adriano Pais da Silva Vaz – *Responsabilidade contratual e responsabilidade extracontratual*, BMJ 85 (1959), 115 ss.

Serra, Adriano Pais da Silva Vaz – *Responsabilidade de pessoas obrigadas à vigilância*, BMJ 85 (1959), 381 ss.

Serra, Adriano Pais da Silva Vaz – *Responsabilidade por danos causados por coisas ou actividades*, BMJ 85 (1959), 361 ss.

Serra, Adriano Pais da Silva Vaz – *Responsabilidade por danos causados por edifícios ou outras obras*, BMJ 88 (1959), 13 ss.

Silva, Eva Sónia Moreira da – *Da Responsabilidade Pré-Contratual por Violação de Deveres de Informação*, Coimbra, 2003.

Silva, João Calvão da – *A Responsabilidade Civil do Produtor*, Coimbra, 1990.

Silva, João Calvão da – *Compra e venda de empresas* (Parecer), CJ XVIII (1993), 2, 9 ss.

Silva, João Calvão da – *Cumprimento e Sanção Pecuniária Compulsória*, Coimbra, 1987.

Silva, João Soares da – *Responsabilidade civil dos administradores: os deveres gerais e a "corporate governance"*, ROA 57 (1997), 605 ss.

Silva, Manuel Gomes da – *O Dever de Prestar e o Dever de Indemnizar*, Lisboa, 1944.

Silva, Paula Costa e – *Meios de reacção civil à concorrência desleal*, in Concorrência Desleal (autores vários), Coimbra, 1997, 99 ss.

Silva, Vasco Pereira da – *Responsabilidade Administrativa em Matéria de Ambiente*, Lisboa, 1997.

Sousa, Marcelo Rebelo de – *Responsabilidade pré-contratual – Vertentes privatística e publicística*, O Direito 125 (1993), 383 ss.

Sousa, Miguel Teixeira de – *A Legitimidade Popular na Tutela dos Interesses Difusos*, Lisboa, 2003.

Sousa, Miguel Teixeira de – *Legitimidade processual e acção popular no direito do ambiente*, in Direito do Ambiente, Lisboa, 1994 (409 ss).

Sousa, Miguel Teixeira de – *O Concurso de Títulos de Aquisição da Prestação/Estudo sobre a dogmática da pretensão e do concurso de pretensões*, Coimbra, 1988.

Stoll, Hans – *Richterliche Fortbildung und gesetzliche Überarbeitung des Schuldrechts*, Heidelberg, 1984.

172   *Direito Civil – Responsabilidade Civil*

TELLES, INOCÊNCIO GALVÃO – *Direito das Obrigações*, 7.ª edição, Coimbra, 1997.

TREITEL, G. H. – *Remedies for Breach of Contract. A comparative account*, Oxford, 1991 (reimpr.)

VARELA, JOÃO DE MATOS ANTUNES – *Anotação ao acórdão do STJ de 26 de Março de 1980*, RLJ 114 (1981/1982), 40 ss.

VARELA, JOÃO DE MATOS ANTUNES – *Das Obrigações em Geral*, I, 10.ª edição, Coimbra 2000, e II, 7.ª edição, Coimbra, 1997.

VARELA, JOÃO DE MATOS ANTUNES/LIMA, FERNANDO ANDRADE PIRES DE – *vide* LIMA, FERNANDO ANDRADE PIRES DE/VARELA, JOÃO DE MATOS ANTUNES.

VAZ, MANUEL AFONSO – *A Responsabilidade Civil do Estado: Considerações Breves sobre o seu Estatuto Constitucional*, Porto, 1995.

VETTORI, GIUSEPPE – *Il Danno Ressarcibile*, I e II, Milano, 2004.

VICENTE, DÁRIO MOURA – *Da Responsabilidade Pré-Contratual em Direito Internacional Privado*, Coimbra, 2001.

VINEY, GENEVIÈVE – *Les Obligations. La Responsabilité: les effets*, Paris, 1988.

VINEY, GENEVIÈVE – *Les Obligations. Les Conditions de la Responsabilité*, 2.ª edição, Paris, 1998.

VISINTINI, GIOVANNA (edit.) – *Risarcimento del Danno Contrattuale ed Extracontrattuale*, Milano, 1984.

VISINTINI, GIOVANNA – *Tratatto Breve della Responsabilità Civile*, Padova, 1996.

WILBURG, WALTER – *Die Lehre von der ungerechtfertigten Bereicherung*, Graz, 1934.

WILBURG, WALTER – *Elemente des Schadensrechts*, Marburg a.d. Lahn, 1941.

WINFIELD/JOLOWICZ – *On Tort*, 15.ª edição [a cargo de William Rogers], London, 1998.

WÜRTHWEIN, SUSANNE – *Schadensersatz für Verlust der Nutzungsmöglichkeit einer Sache oder für entgangene Gebrauchsvorteile?*, Tübingen, 2001.

SIGLAS

BMJ   – Boletim do Ministério da Justiça
BFDUC – Boletim da Faculdade de Direito da Universidade de Coimbra
RDES   – Revista de Direito e Estudos Sociais
RDE   – Revista de Direito e Economia
FS   – Festschrift
RLJ   – Revista de Legislação e Jurisprudência
ROA   – Revista da Ordem dos Advogados
CJ   – Colectânea de Jurisprudência
CJ (STJ) – Colectânea de Jurisprudência (Supremo Tribunal de Justiça)
RFDUL – Revista da Faculdade de Direito da Universidade de Lisboa
STJ   – Supremo Tribunal de Justiça

ÍNDICE

Apresentação 5

Plano Geral 7

INTRODUÇÃO

.... 9

CAPÍTULO I
A RESPONSABILIDADE CIVIL
NO ENSINO DO DIREITO

§ 1.º **A responsabilidade civil, tema genérico do direito privado, a
Teoria Geral do Direito Civil e o Direito das Obrigações** 15

    1. A responsabilidade civil no plano de estudos 15
    2. Alternativas 22
    3. A solução preferida 26
    4. (*cont.*) Cenários de um futuro da Teoria Geral e das Obrigações;
        sobre o ensino "principiológico" da Teoria Geral 32

§ 2.º **"Responsabilidade Civil" como disciplina autónoma** 37

    5. Justificação de uma nova cadeira de opção 37

CAPÍTULO II
O PROGRAMA E O CONTEÚDO
DE "RESPONSABILIDADE CIVIL"

§ 1.º **Preliminares** 49

176   *Direito Civil – Responsabilidade Civil*

6. Considerações gerais 49
7. (*cont.*) Opções relativas à parte dedicada à responsabilidade civil em geral e à sua articulação com a parte especial 52

§ 2.º O programa 57

8. Enunciação 57

§ 3.º O conteúdo 58

9. Observações prévias 58

    A) *Da Responsabilidade Civil em Geral* 60

10. Dano, Direito e responsabilidade Civil 60
11. Unidade e diversidade na responsabilidade civil; delito e contrato; a "terceira via" e a área das responsabilidades "não alinhadas" 62
12. Situações de responsabilidade e formas de imputação; os pressupostos da responsabilidade civil entre a simplificação e a diferenciação 63
13. Sobre as funções da responsabilidade civil 64
14. (*cont.*) Acerca da função preventiva e punitiva na responsabilidade contratual 68
15. Tipos básicos de delito e incumprimento 72
16. (*cont.*) Disposições de protecção, deveres no tráfico e danos patrimoniais puros 74
17. Sobre a ilicitude e as causas de justificação; a assunção de riscos e a actuação a risco próprio 76
18. Acerca da culpa, da sua prova e do respectivo ónus 79
19. A responsabilidade pelo risco e a responsabilidade pelo sacrifício 83
20. A responsabilidade por facto de outrem e a "culpa de organização" 86
21. Deveres de protecção no âmbito das ligações especiais e responsabilidade pela confiança 87
22. Por um conceito normativo de dano; a necessidade de congruência entre fundamento e prejuízo; danos não patrimoniais 89
23. Sobre o cômputo do dano; fixação concreta ou abstracta do prejuízo e enriquecimento sem causa 93
24. A dissociação entre titularidade do interesse e da posição jurídica; em particular, a liquidação do dano de terceiro 97

Índice

25. Problemas especiais de causalidade; a probabilidade e a possibilidade 100
26. Outras rubricas do programa: a pluralidade de sujeitos 105
27. (*cont.*) A culpa do lesado, a modelação convencional da responsabilidade civil e a tutela preventiva de bens jurídicos protegidos . 108

B) *Responsabilidades Especiais* 110

28. Responsabilidade legal pelo prospecto 111
29. Responsabilidade médica e hospitalar 114
30. Responsabilidade civil dos administradores e os deveres de "boa governação" das sociedades 118
31. Responsabilidade por danos ao ambiente 123
32. Responsabilidade civil do Estado 126

CAPÍTULO III
O MÉTODO DO CASO

33. Apresentação geral 133
34. O método do caso (continuação) 136
35. O método do caso, a metodologia jurídica e os modelos de decisão 141
36. Aspectos pedagógicos e organizativos complementares para a condução profícua de um método de participação activa 151
37. Alguns exemplos 158

BIBLIOGRAFIA
.... 163

Siglas 173

Índice 175